年収600万を
突破せよ!

田舎の三流人生大逆転術

佐藤貴夫
SATO TAKAO

幻冬舎MC

年収600万を突破せよ！
田舎の三流人生
大逆転術

はじめに

「なんとなく学生時代に起業してみたら、あっという間に年収1億円。儲かりまくりで人生ちょろすぎ～」

「知名度バツグン！　合コンで社名を言えばみんなから羨ましがられる一流企業に就職して、年収は１０００万超え。控えめにいっても〝勝ち組〟サラリーマンでっす♪」

……的な人の話をテレビで見聞きしても、田舎暮らしで給料も安い自分とは別世界のことだと、シャットダウンしちゃうよね。確かに、一流になれるのはほんの一握りの人間だから、諦めモードになるのも分かるよ。

だけど、いわゆる「一流」「セレブ」「高給取り」といわれているサラリーマンや経営者たちの日常を、よぉ～くイメージしてみてほしい。

例えば、一流商社や大手の銀行員の場合。彼らは毎日、朝から深夜まで超忙しい。世間では「働き方改革」なんていわれているみたいだけど、実際、一流企業の商社マンや銀行員が定時に帰れる日なんてほぼゼロ。しかも、熾烈な出世競争による足の引っ張り合い、そんなぎすぎすした人間関係にさらされてストレスが多過ぎる。

いくら勝ち組の高給取りでも、そんなハードな毎日を何十年も送りたいと思う？プライベートな時間も仕事に捧げ、お金はあっても心に余裕がなくなる——そんな人生つら過ぎるよね。

そもそも、それなりに贅沢ができる生活をしていくために、年収が１０００万円も必要か？　平均年収が４００万らしいから、地方ならせいぜい５００万もあればリッチで安定した、幸福度の高い暮らしができるだろう。実際に僕の友達も、年収５００万だけど家を買ったって自慢してたし。

自分を犠牲にしてまで会社のために働く〝社畜〟にならなくたって、ほどほどに働いて、ほどほどにお金に余裕のある生活を送る……そのほうが幸福度は高くないか？

僕は、年収もマインドも〝ほどほど〟が一番だと思って生きてきた。すべてにおいて〝ほどほど〟を維持して生きていく。これこそ理想的な〝リッチな二流〟の生き方だ。

僕は自分のことを、〝リッチな二流〟ヤローだと思ってる。これまで名の知れた一流企業に勤めた経験はなく、大学だってFランレベルで特別頭がいいわけじゃないし、運動神経も凡人並み。学歴もコネもいっさいナシだ。たいした取り柄もないが、一つだけ、ちょっと人と違うところが小さな頃からあった。それは、自分自身を冷静に、客観的に見る目をもっていたところ。小学1年生ぐらいの頃からその目は発動していて、「自分は特別に秀でた部分が何もないんだから、せめて二番手を……。〝ほどほどな自分〟をキープしていこう」という気持ちが強かったんだ。傍から見たら冷めていてかわいげのないガキだったかもしれないけど、僕はこれまでの人生、ずっとそうやって、あらゆる分野で〝ほどほど〟を目指してきた。そのおかげか（?）、一流の人間のようにまわりからのプレッシャー、期待を背負わされることもなく、メンタル的にもいつも余裕があってそれなりに友達からの人気もある、〝リッチな二流〟ポジションを維持してきたんだ。

だから僕は、僕の会社の社員たちに、「一流なんて目指すな、〝リッチな二流〟を目指せ」っていつも言ってる。実際に、僕の会社に入ってくる人間はみんな、カネもコネも学歴もない奴らだけど、ほどほどに頑張ってあっという間に年収６００万を突破しているんだ。それで結婚して、家も車も買って、休日にはバーベキュー！　それこそ幸福度の高い、最高の人生じゃね？

〝リッチな二流〟は、特別な、選ばれし人間じゃない。誰だってなれる。難しい知識や特別なスキルがなくても、自分の意識をちょっとだけ変えれば、みんなが実現できる生き方だ。

この本では、〝そこそこ〟をキープする達人である僕が、実際に僕の会社で実践している、ストレスフリーで心と財布に余裕のある〝リッチな二流〟にシフトチェンジするテクニックを紹介していこうと思う。おかれている境遇や年齢、住んでいる場所なんて関係ない。一緒に〝リッチな二流〟を目指して幸せになろう！

目次

第2章

「二流」へ標準を合わせろ！
人生大逆転の第一歩は心構えから

第3章

二流に一番大切なのは人間関係 最速でコミュ力をアップさせる10のポイント

第4章

難しいスキルは必要なし！最低限の仕事術だけ押さえれば年収600万はすぐ稼げる！

第5章
心構え、コミュ力、仕事術で、田舎の三流からリッチな二流に大逆転した人々

第1章

都会で年収1000万の「つらい一流」より、田舎で年収600万の「リッチな二流」を選ぶべき理由

メディアに出てくる「一流」は夢物語でしょ

よくテレビや雑誌で紹介されるような年収億単位の大金持ちって、日本に何人ぐらいいると思う？　調べてみたら、１００億円以上稼いでる人が16人、50億〜１００億円が31人だって。１億〜２億円稼いでる人は１万６２１３人いるらしいけど、それでも所得のピラミッドの上位０・０２５％っていうから、本当に米粒ぐらいのひと握りなんだよね。１億円稼ぐのなんて夢のまた夢って感じ。

都会で働く大手一流企業のサラリーマンは年収１０００万円ぐらいもらっているらしいけど、それでさえも、所得のピラミッドの３％ぐらいしかいないらしい（出典：令和元年分　民間給与実態統計調査）。都会で働いている人はもちろん、地方暮らしをしている人ならなおさら、「年収１０００万でも別次元の世界の話ですわ……」って思っちゃうよね。「そもそもド田舎に生まれた時点で、すでに人生詰んでんだよ……」と、自分が高給取りになれないことを環境のせいにしたくなる気持ちも分からんでもない。

でもさ、地方でそれなりに裕福に暮らしていくのに、１０００万もいるかね？　そりゃあ、お金はあるに越したことはないけどさ。平均年収が３００～４００万円台がザラな地方で１０００万稼ぐとなったら、仕事を掛け持ちしなきゃならないだろうし、労働時間もハンパなくなるぞ……。たぶん、過労で倒れるよ。

それに、いわゆる「一流」、「勝ち組」と称される大手企業で働く都会のサラリーマンだって、たぶん決してラクして稼いでいるわけじゃない。僕は「社長」といっても別に一流じゃないし、毎日ストレスフリーで楽しく働いているからその実情はよく分からないけど……。僕が見聞きしたことや体験から、いわゆる「一流」「勝ち組」サラリーマンの、つらくしんどいあるある話を聞いてほしい。

つらい一流あるある
――激務・出張の嵐で疲弊する一流商社マン

誰もが社名を知っているような一流総合商社に勤めるサラリーマンの年収は、１０００万超えがザラ。新卒社員でも６００万弱はもらっていて、給料の金額的に見るとまさに勝ち組の、一流リーマンだ。

だけど、彼らの毎日のスケジュールは、ＴＨＥ・激務らしい。例えばだけど、一流総合商社に勤めている僕の友達の一週間のスケジュールは半端じゃない。

（月）
8時：出社後、上司に提出するレポート作成
9時：メール対応、営業電話など社内事務処理
12時30分：デスクでランチ
13時：社外へ営業（2社）
17時：帰社　社内会議、他部署との打ち合わせ
19時：社内事務処理
21時：終業
22時：帰宅後、残務処理

（火）
7時：大阪へ出張・移動
10時：大阪の支店で打ち合わせ
11時：取引先企業に挨拶回り
14時：軽めのランチ
15時：セミナーに出席
18時：会食
20時：新幹線で帰京
23時：帰宅

（水）
9時：顧客企業訪問・打ち合わせ
13時：社内でプレゼン資料作成・プレゼンリハーサル
22時：終業
23時：帰宅

（木）
9時：韓国へ出張・移動
13時：ソウル支社で打ち合わせ
15時：取引先の工場を訪問・打ち合わせ（2社）
19時：会食
22時：ホテルに到着。東京の部下とＷＥＢ打ち合わせ

（金）
9時：ソウルから釜山へ移動
13時：取引先の工場を訪問・商材の進捗確認
17時：日本へ移動
20時：帰宅

（土）
10時：出社後、社内事務処理
12時：埼玉の工場へ。取引先企業の商材の搬入立ち合い
18時：取引先企業の部長と会食

（日）全休

……こんな一週間どうよ？　毎日朝早くから出社して、夜は定時の18時に帰れる日なんていっさいナシ。名の知れた大手企業になればなるほど、政府が指導する「働き方改革」、「時間外労働の上限規制」に熱心に取り組んでいるから、昔ほど残業時間は長くないかもしれない。とはいえ、仕事量自体は以前と変わらないのが現実……。業務時間内に仕事が終わらず苦しむことになり、僕の友達みたいに仕事を家に持ち帰ってくる場合もあるみたい。それに加えて、出張だ。週に2回、しかも、近場とはいえ海外への出張はなかなかハードだぞ……。接待や上司との飲み会など、仕事絡みの宴席に顔を出さねばならない的な、面倒くさいしがらみもある。

こんな感じで、一日の労働時間が12～13時間にもなってしまうと、休みの日はもうクタクタ。プライベートもクソもないだろう。ここだけの話、この友達の年収は1500万弱だけど、会ってもいつも疲れた顔をしていて覇気がない。数少ない休みの日も、疲れ切っていて家族サービスさえまともにできない状態らしい。いくら「一流」で、稼ぎが良くても、僕はこんな社畜のような生活は絶対ゴメンだわ。まあ、とらえ方は人それぞれだけど、人生損してると思う。もっと楽しく、朗らかに生きたいよね。

つらい一流あるある
――エセ勝ち組思想でダッサいマウンティングヤロー

僕は新卒で金融系の会社に入社して4年間、新規取りの営業をしてた。先物取引の営業ってやつ。その後は6年ほど不動産の営業をやっていたんだけど、その10年間のサラリーマン時代に関わってきたクソ上司たちを見ていて、自分で起業しようと思ったんだ。それはなんでか。上司たちがそろいもそろって、「エセ勝ち組」ヤローだったからだ。なんていうのかな？　ムダに意識だけ高い系で仕事できるふうを装ってるというか、自分を「勝ち組」だと思い込んでる勘違いヤローばかりだったんだよね。そういう奴らってだいたい上司にはペコペコ、部下には偉そうに威張り倒すんだ。一番ダメな、カッコ悪いパターンだと思う。一歩会社を出たらぜんぜんたいしたことない人間のくせに、「こいつら、なんでこんなバカみたいに偉そうにするんだろう？」って、いつも不思議に感じてたよ。絶対モテないだろうなって。僕はこんなふうにはなりたくないって、心底思ったね。クソ上司たちが上でのさばっていて、なかなか昇進もできないのなら、いっそ自分で独立したほうがいいなと思ったのが、事業を立ち上げようと思ったきっかけだったんだ。

　そういうクソ上司に、仕事が終わったあと時々「キャバクラに連れて行ってやるよ」って言われて、無理やり同行させられるんだけど、死ぬほど苦痛だったねぇ……。もう、スゴいの、妙な押しつけが。現在の、多少付き合いのある社長の知り合いとかもけっこうそういう類いの人が多いんだけど、意識高い系の奴ってなんであんなに他人に物事を強要しようとするんだろう？　例えば、「今の時代、もっとSNSを駆使して人脈広げていかなきゃダメだよ！」とか、「この水素水、めちゃくちゃ体にいいし頭も冴えるから飲んだほうがいいよ」とかさ。お前が勝手に自己満足でやってろよ！と思うよね。人に強要するな！　と。

　当時のクソ上司も、似たような感じだった。キャバクラの女の子や部下の僕に、空っぽな仕事の哲学や自己啓発本の受け売りみたいなことを語ってきたり、わけの分からない忙しいアピールしたりさ。それ、忙しいんじゃなくて、おまえの要領が悪いだけだろ？　みたいな。本当に最悪だった。

マウントもひどかったねぇ。金融系の営業ってけっこう給料がいいから、30～40代になって部下ができると勘違いするんだよね。それぐらいの歳になると、頭すっからかんでも年収１０００万ぐらいもらえちゃうから。自分は稼げてる＝「勝ち組」、「オレは偉いんだ」って、思っちゃうバカが多いの。だからすぐに部下や他人を見下すし、マウントを取りたがるようになる。本当にダッサいよね。まあでも、マウントの取り合いって、男だけの集まりだとありがちだけどさ。同窓会とかに行くと、だいたい男同士ってマウント取り合うじゃない？（笑）けっこうダイレクトに収入の話になることも多い。「おまえの業界どう？　月どれぐらい稼いでんの？」みたいな感じで。社長の集まりもそう。くだらないお金のマウンティングが多い。だから僕、社長の知り合い嫌いなんだよね。つるんでもぜんっぜん楽しくないんだもん。

一見「一流」と見なされがちな社長だって別に偉いわけじゃないし、ましてやサラリーマンの上司なんてぜんぜんたいしたことないんだよ。それを勘違いして、マウントを取ってくるような奴らが、僕は本当に嫌い。確かに、収入の多さって生きてくうえで重要だし、それが「勝ち組」の条件になるってことは認める。でも、１０００万円以上の年収があることが、お金持ちの「勝ち組」の条件じゃない。「オレは偉いんだ」って勘違いしちゃ底が知れるし、ダサすぎる。そういう奴らほどショボいし、傍から見ると残念にも見えてくるんだよね。だから、収入が増えて地位が上にいけばいくほど、人は謙虚さを忘れちゃダメだと思うんだ。ちょっと難しい言葉になっちゃうけど、「実るほど頭を垂れる稲穂かな」っていうことわざがある。たくさん実をつけた稲ほど重みで地面に近づいて頭を下げているように見えるでしょ？　同じように学問や技能が深まった人ほど、自分が悪いと思えば頭を下げられるし、他人に対して謙虚だって意味なんだよね。これって、人として大事。どんなときでも謙虚な心をもつことは、生きるうえで大切だよ。

　ちなみに、僕のサラリーマン当時のクソ上司たちは、50代前後にしてほとんどがリストラされたらしい。もともと頭のいい連中ではなかったうえに、会社の言いなりでロクに頭も使わず勢いだけで稼いでいたような人たちだったから、リストラは仕方なかったのかもしれないけどね……。少し大金を稼げるようになって、一流気取りで調子に乗るとそういう惨めなことになるんだなぁと、改めて痛感したね。

つらく残念な「一流」より、ハッピーで「リッチな二流」になったほうがいい！

プライベートな時間を犠牲にして、「仕事が人生のすべて！」みたいな働き方をするつらい「一流」と、自分が「一流」、「勝ち組」だと浅はかな勘違いをして他人を見下し、イタい意識の高さを披露したり、マウントを取ってきたりする「(エセ)一流」。稼ぎが多くてリッチな生活ができても、こういうつらく残念な「一流」になりたいと思う？　僕はどっちも嫌だ。そんなふうになるなら、中の上……とはいわないまでも中の中程度……すなわち、「二流」な生き方をしたほうが人生楽しいし、幸せだと思う。地方暮らしならなおさら、年収５００万程度稼げれば、それなりに裕福な日々を送れるし、家族だって余裕で養えちゃう。うちの会社は主に地方に展開しているんだけど、５００万以上もらっている社員のなかには、一軒家や高級車を買っている奴らもたくさんいるよ？　っていうか、５００万あればちょっとした都会でも〝ほどほど〟に安定して暮らせるでしょ。

そうなんだよ、人生、〝ほどほど〟、〝そこそこ〟をキープしていくのが、いちばんラクで賢い道！　僕はそう思ってこれまで生きてきた。１０００万以上稼げる奴なんてどうせほとんどいないんだから、そこをあえて目指す必要はないの。そんな一部の人間しかできないことを目標にしようとするから、苦しくなって自滅する。目指したって無理だもん。おかれている現実と、自分の身のほどを素直に受け止めて、〝ほどほどな人生〟を目指せば、心も懐も満たされた「リッチな二流」になれるんだよ。しかもそれは、ぜんぜん難しいことじゃない。マインドのもちようと、ちょっとの行動力で、誰でも「リッチな二流」にはなれる！

改めて思い返してみると、僕は子どもの頃から無意識に、「リッチな二流」マインドを貫いてきたと思う。基本的にムダなことをしたくなくて、効率重視なところがあったからかもしれないけど、小学生時代からすでに諦めグセがついていたんだよね。「僕の頭じゃどうせ東大なんて入れるわけないし、勉強もほどほどにして中間ラインを目指していけばいいじゃん？」みたいな。よくいえば、自分の身の丈を客観視できる現実主義な子どもだったのかな。小学生時代は野球をやっていたんだけど、「プロ野球選手になりたい！」なんて、一度も思ったことなかったからね。卒業式で将来の夢を発表するターンがあったんだけど、周りの友達が「パイロットになりたい！」、「プロのサッカー選手になる！」とか言っているのを聞いて、いやいやそんなの無理でしょ。テレビの世界の話やで？と思ってたからね。僕が発表した夢は、「身長が低くて体が小さいので、スポーツ選手とかは目指さず普通のサラリーマンになって、そこそこのお金持ちになることです」だった。超リアリストでしょ？（笑）

「理想の」サラリーマン像は、「リッチな二流」になればすぐに実現できる

中学、高校、大学と上がっても、「夢？　それって寝てるときに見るやつだろ？」みたいな感じだったから、いざ就職となっても行きたい業種もやってみたい仕事もなかった。「それなりに裕福に暮らせる給料がもらえて、プライベートな時間もそれなりに確保できる」っていう条件だけで求人検索をして、就職した感じ。僕が掲げる理

想のサラリーマン像って、今も昔も変わっていないんだよね。2つの希望さえ叶えられれば、OKって感じ。

(1)「ほどほどに、自由に使えて余裕がある額の給料がもらえる」

これは、自分的にも対外的にも絶対に必要だと思う。お金だけがモチベーションになってしまうのはあまり良くないけど、結局自由に使えるお金がないと心に余裕も生まれないからね。あと、さっきマウントの話でも少し触れたけど、男って特に収入の話題を出しやすい生きものなの。女性同士ってあまり自分の年収の話はしないみたいだけど、男同士だと、けっこうすぐお金の話になるでしょ？ 男友達の集まりに行って、「手取りなんぼ？」って聞かれたとき、自信をもって「○万円ぐらいだよ」って言えるのって、一種の男のステータスだと思うんだ。まあ、あまりひどくなるとマウンティングになるから要注意なんだけど……（笑）。自尊心を保つうえでも大事だと思う。

（２）「ほどほどに、しっかりとプライベートで楽しめる時間がもてる」

自分のため、家族のために過ごす時間的余裕もマストだね。仕事以外の自由な時間がないと、なんのために生きてるのか分かんないじゃん！　だって、仕事はあくまでも生きるための「手段」の一つであって、「目的」じゃないから。仕事が生きる「目的」になってしまうと、自分がすり減っていっちゃう。「それでも幸せ！　今の仕事が天職だから！」ってタイプもいるけど、そんなの稀だから。だいたいみんな疲弊するよ。「一流」の皆さんのなかには、最初は夢と希望を抱いて入社したのに、いつの間にか「仕事＝生きる目的」になってしまっている人も少なくないんじゃないかな？　知らず知らずのうちに社畜化しないためにも、週休２日を死守できる労働環境は絶対に大切だし、残業もないに越したことはない。ひと昔前は、「有給を取る」なんていうとひんしゅくものだったけど、今は当たり前に取れる時代。うちの会社は残業もほぼないし、有給も自由に取れるから、月１ぐらいで取ってる社員もザラにいるよ。僕は社員に、プライベートな時間は思いっきり遊んでほしいと思ってる。なんでもいいから好きなことをしてほしいなって。ありきたりな言い方だけど、そうすればものを考えるときの視野が広がるし、感性が研ぎ澄まされていくからね。

さっき、「基本的にムダなことはしたくない」といったけど、これはちょっと考えを改めないといけないところもあるなって、最近は感じてる。それはなぜかというと、ムダなことをすることによって、新たな発見や学びがあるから。例えば僕は、初めて訪れる場所へ行くと必ず自分の足で街を歩いてみて、おいしいお店を見つけるようにしている。これってさ、すごいムダなことじゃん？　店なんて、インターネットで検索すればすぐにたくさん出てくるんだから、わざわざ歩いて決めるなんて時間のムダでしょ。だけど、実際に歩いてみて街の雰囲気を味わって、地元の人におすすめを聞いてみたり、お店のたたずまいや中の様子を自分の目で見てみたりして、入る店を決めるようにしてるんだ。それを繰り返していると、店選びのセンスが研ぎ澄まされてくるんだよね。おかげで今じゃハズレくじを引かなくなったし、いろんな人と交流するときに話のネタも増えたし、結局仕事にも活かせてるの。ちょっと説教くさくなっちゃうけど、みんなも「一見ムダかも……？」って思えることでも、やってみたらいい。その経験はのちのちどこかで必ず君のためになるときがくるから！

ちょっと話がそれ気味になっちゃったけど、僕がいいたいのは、自由になるお金と時間がほどほどにもてていれば、懐も心も「リッチな二流」になれるということ。決して「一流」を目指す必要はないし、就職するために自分探しをする必要もない。難しく考えなくていいんだよ。「将来のビジョンをもってやりたいことをやれ！」、「でっかい夢をもてよ！」とか言ってくる奴もいるけど、大半の人はそんなのすぐに分かんないっての。ましてや高校生・大学生にそれを求めるのって、けっこう酷だと思う。それに、やりたいことを仕事にしたからって、それがイコール楽しい、ハッピー！とは限らないからね。逆に、やりたいことを仕事にしてしまったことで苦しむこともあるんだから。やりたいこと・好きなことは趣味程度にとどめておく……ってことも大切だと思う。それならプレッシャーを感じることなく、ずっと楽しく取り組めるじゃない？

幸せになるために、学歴も才能も関係ナシ！

ここまで読んでくれた人ならもう分かると思うけど、「リッチな二流」としてハッピーに暮らすために、学歴や才能はいっさい関係ない。筋金入りの「リッチな二流ヤロー」である僕だって、Fランレベルの大学出身だし、何か飛び抜けた才能やスキルをもっているわけじゃない。それでも、10年間で会社を年商○億円に成長させるくらいの社長になれたんだから。要は、考え方次第ってこと。もし君が「リッチな二流」になって余裕のある暮らしをしたいと思うなら、すこ〜しだけ意識を変えて、前に進む勇気をもってみよう。

「オレ・わたしなんてどうせ三流以下だし……」

「学歴もコネもない時点で人生終わってるから、頑張ったってたかが知れてるでしょ」

「もう30歳過ぎだし、まともに正社員として雇ってもらえる気がしない……」

「人生やり直しはきかない。このまま田舎でほそぼそと、年収３００万ちょっとで慎ましく生きていこう」

「一度人生でやらかしてるオレ・わたしがまともな職に就けるわけないし、結婚なんて無理だろーな」……とか、うじうじと腐る前に、一緒に「リッチな二流」を目指して、もっと自分に胸を張れる人生を送ってほしい！

もし君が社会的に「三流」、「下の下」の境遇だとして、いわゆる「負け組」だと自分を評価しているのだとしたら、君は本当に「負け組」なのかもしれない。けど、その境遇の何が悪いの？　まだまだ諦めるには早いよ。もとが下の下なんだからもう下がりようがないわけだし、じっくりと下の上、中の下、中の中……とステップアップして、「リッチな二流」街道を歩んでいけばいいじゃん。上の上を目指すわけじゃないんだから、ド田舎暮らしというおかれている境遇や学歴・職歴、年齢なんてクソくらえ。負け組には負け組なりの戦い方があるんだ。ほんの少し君が意識を変えるだけで実現できるんだから、挑戦してみる価値は大いにあると思う。

「リッチな二流」の条件

- 「二流」、「上の上」を目指すな。ターゲットは「中」だ
- 「仕事は生きる手段」ととらえ、仕事中心の生活にしない
- ほどほどに裕福な暮らしができる額の給料を稼ぐ
- ほどほどにプライベートで楽しめる時間を確保する
- 学歴、職歴、年齢、性別、住んでいる場所はすべて不問

●突出した才能や特別なスキル、難しい知識はまったく必要なし

改めて「リッチな二流」とは？ という部分をまとめてみると、こんな感じ。

「中」クラスってさ、一般ピーポーのなかでいうと、1位に匹敵する実力のある人間だと思うんだ。これは、つんく♂さんの受け売りなんだけどね。学生の頃につんく♂さんの『一番になる人』（サンマーク出版）っていう本を読んでえらく感銘を受けたのを、今回自分が本を書くにあたって思い出した。その本の中に、「〝4位〟こそが、大衆の中の1位である」っていう見出しがあったんだけど、〝確かに!!〟とかなり納得した。つんく♂さんは子どもの頃、何をやっても万年4位のポジションだったらしいんだけど、1位は天才、2〜3位は秀才で、そもそも凡人じゃない人たちなんだから、叶わなくて当たり前だって、あるとき気づいたんだって。4位こそが、パンピーのなかでは1位に値するって。僕が小学生のときに思ったことと、ほっとんど同じなんだよなぁ（笑）。

僕が掲げる、「なんの取り柄も秀でた能力もないパンピーは、〝そこそこ〟をキープすればいい思いできるじゃん？」っていう考え方とおんなじ。全体で1〜3位に入れ

るような奴は、社会に出たら「一流」になり得る力をもっている。要は、ピラミッド構造の最上位層に入れる人種だ。そもそも一流になれる能力のないパンピーが、そこに入ることを憧れること自体、もう不毛なことでしょー。だったら、パンピーはパンピーなりに、パンピーの中の一番を目指せばいい。それが、「中の上」「中の中」……「リッチな二流」を目指すっていうことだ。

　久しぶりに本を読み返してみたら、まさに、僕が本の冒頭でぶち撒けたことと似たような内容が書かれていた。

「よくよく考えてみると、もしかしたら天才と秀才と呼ばれる人たちは、じつは不幸かもしれない。たとえば、こいつは天才だから近寄りがたいと思われて、友だちがいなかったとしたら、はたして幸せでしょうか。

　天才ゆえに、人間としてバランスに欠けているかもしれないし、どんくさいかもしれない。天才ゆえに、できない人の気持ちがわからないかもしれないし、女の子にモテないかもしれない。それなら、天才ゾーンのなかで生きていくよりも、大衆ゾーンのなかで一番になるほうが、長い目で見れば、ずっと得かもしれない。また、幸せかもしれない。そのように考えればいいのです。
要は自分が『一番』をどうとらえるか。天才と自分を比較するから、つらくなる。天才とは別世界で生きていけばいいのです」

もうね……マジでそのとおり。激しく同意!!（笑） 天才（一流）と同じフィールドで勝負しようとするから凹んで、やさぐれて不貞腐れて、三流に落ちたりしちゃうの。このつんく♂さんの本とは、確か大学生ぐらいのときに出合ったような気がするけど、たぶん当時も、「マジでおんなじこと思ってるわー!!」ってかなりのシンパシーを感じたから、今でも強く印象に残ってるんだろうなぁ。まあ、僕なんかから見ると、つんく♂さんも十分天才・秀才の部類というか……凡人とは思えないんだけどね……（笑）。

「リッチな二流」を目指すためには、それ相応のマインド、テクニックが求められるんだけど、それらはあっという間に身につけられるんだ。自分の中で消化すれば、必ず君は最短ルートで「リッチな二流」に到達できる！

第2章

「二流」へ標準を合わせろ！
人生大逆転の第一歩は心構えから

ムダに「一流」は目指すな！　現実を受け止めろ

当たり前だけど、一朝一夕で「一流」の域には到達できない。世の中で「一流」、「勝ち組」に分類されているサラリーマンたちはこれまでの人生のなかで、一流になるためにそこそこ以上に頑張ってきただろうし、一流路線にのり続けるために努力してきたことだろう。それに、まわりからの強い圧にも耐えてきたはずだ。「学校の成績は常に10位以内じゃないといけない」、「親や親戚はみんな医者だから、自分も医者にならないといけない」とかさ、一流路線を進む人って親も一流、勝ち組なことが多いから、周囲からのプレッシャーや期待がハンパないケースが多い。もし僕がそんな境遇だったら、ストレスがたまって学生のうちからハゲちゃいそうだ。学生時代の友達に医者の息子がいたけど、実際しんどそうだった。一流ってキープするのもフツーに大変なんだよね。

僕なんて親はフツーのサラリーマンだったし、そもそも自分が一流路線にいけるなんて思っていなかったから、学生の頃からずっとストレスフリーのスクールライフよ? 自分の伸びしろ……というか、身のほどをよく分かっていたから、中の中、いわゆる「二流」のラインがキープできるぐらいの〝そこそこ〟の頑張りを続けていればよかったからね。そこそこ頑張って、そこそこのランクをキープして、あとは自分の好きなことをして遊んでた。おかげさまで学生時代はイベントを主催したり、いろいろなジャンルの友達と遊んだりして、楽しくてディープな経験をたくさんさせてもらいました(笑)。

つまり僕がいいたいのは、自分の身の丈に合ったラインに標準を合わせてそこで幸せをつかみにいったほうが人生楽しいし、ラクだよってこと。幸せの基準って人それぞれなんだから、自分に最適なフィールドでそこそこしっかりやって、気楽に充実した生活を送ればいいじゃん?

決して「一流」を目指す必要はない。ほぼほぼ無理ゲーって分かってるのに、身の丈に合わないところを目指そうとするからうまくいかなくなって、苦しくなるんだよ。最適なフィールドは、自分の実力と同じぐらいのところか、ちょっと下のライン。自分の実力より上のところを目指そうとすると、必要以上に頑張らないといけなくなるし、「ダメなオレ・わたし」、「できないオレ・わたし」ばかりが目について精神的にもしんどくなってくる。それよか、自分の実力に合ったところでそこそこ頑張って、いつも上位にいられたほうがいいでしょ？

これは高校選びで例えたら分かりやすい。君の偏差値が50だとする。メチャクチャ頑張って偏差値60の進学校・A学園に補欠入学するのと、滑り止めで受けた偏差値45の二流高・B学園に入学するのと、どっちで学生時代を過ごしたほうが幸福度が高いか？　ちょっと想像してみて。

A学園は自分よりも頭のいいやつばかりだから授業についていけなくなりがちで、定期テストでも常に学年順位が下のほう。だんだん劣等感に苛まれるようになって、卒業する頃には「どうせオレ・わたしはバカだし、何をやってもダメ」みたいな、メチャクチャ自己評価の低い卑屈ヤローになってそうだ。対して、B学園に入った場合はどうだろう？　言い方は悪いけど、自分よりレベルが下の奴がほとんどだから、そこそこ頑張っただけでテストで良い点が取れたり、学年順位が10位以内に入ったりして、自己評価はバク上がり。「オレ・わたしって、やればけっこうできる奴じゃん！」

と自信がもてて、勉強や部活以外にもいろんなことにチャレンジする意欲が高まるだろう。恋人もできちゃったりなんかして、心身ともに充実した高校時代が送れそうだ。

君はどっちの学校生活がハッピーだと思う? 僕は断然、B学園を選ぶ派だ。決して、努力している人を馬鹿にしているわけではないけれど、「オレ・わたしはたいしたことない」、という現実をしっかりと直視して、身の丈に合った選択をしていくことは、時に人生では重要。10代の頃は「オレ・わたしは人と違うんだ!」、「いつかすごいことをやってやる!」みたいな、根拠のない自分への期待を抱きがちになる時期もあるけど、理想と現実のギャップは真摯に受け止めよう。それが「リッチな二流」街道を進むうえでの、最初の一歩だ。

「たいしたことない自分」を見捨てる奴は、その時点でガチの負け犬

自分の身のほどや、本当の実力・限界を客観視してそれを受け入れるのって、人によっては難しいことなのかもしれない。プライドが高ければなおさらだ。僕にはたまたま子どもの頃から備わっていたけど、自分自身を客観的に判断する力って、若いうちは特にもち合わせていない人が多い。10代、20代の頃って、自分のことだけでなく他人のことまでも主観的にとらえがちになっちゃうことがあるしね。

客観的にこれまでの自分を振り返ってみて、「よく考えたら、人生で頑張ったことなんて一度もなかったわ」とか、「口ばっかりで、今まで何も成し遂げたことのない負け組じゃん……」ってことに気づいてしまい、「そんな現実、認めたくない！」という気持ちが強くなるかもしれない。でもどうか、そういう自分を認めてあげる勇気をもってくれ。ダメな現実を悲観して、「どうせオレ・わたしなんて、たいしたことないし……」、「どうせオレ・わたしは負け組だし……」みたいな、ネガティブな卑屈

ヤローになってしまうと、ガチの負け犬に成り下がるぞ！　そんな奴は、ずっと底辺層から這い上がれないよ。

「たいしたことないオレ・わたし」、「負け組のオレ・わたし」でも別にぜんぜんオッケーじゃん。そういう自分に合ったアプローチ法を探して、裕福でハッピーな毎日を手に入れればいいだけの話なんだから。負け組が自分なりの幸せをつかむアプローチ方法として、「リッチな二流」を目指すことはかなり有効だと思う。負け組上等！　悲観することなんていっさい必要ない。テンション上げていこう！　「もっと自己肯定感を高めていこうぜ！」とか、ありきたりな自己啓発本みたいなことはいいたくないけどさ、「どうせ〜どうせ〜……」なんてうじうじ卑屈ヤローになっているヒマがあったら、さっさと動きだしたほうがいい。

もう一つNGなことがある。それは、「いやいや、オレ・わたしぜんぜんダメじゃないし！　その気になればなんでもできるし!!」、「オレ・わたしにはもっとほかの才能があるから、そのうちそっちで天下とってみせるし！」……みたいな、根拠のない自信をもって現実を見て見ぬふりするパターンだ。たぶん、〝超一流〟に高いプライドが、負け組に属している「実力のない自分」を受け入れることを拒んでいるのだろうと思う。でも、そんなプライドはゴミクズ以下でしかない。もっていてもまっっっっったくいいことないので、今すぐ捨てちゃってくれ！　根拠のない自信とムダなプライドは、君を本当にダメにする毒だ。まだ頭が柔らかいうちに、抹消したほうがいい。

自分の実力のなさや知識不足を認めてこそ、人は成長できるもの。「オレ・わたしは優秀だ」、「オレ・わたしは本当は特別な人間なんだ」と勘違いし続け、現実逃避を繰り返していると、一生実力やスキルが身につかず、三流以下止まりだ。

似て非なる「二流」と「三流」

「二流」と「三流」は、まったく別モノだってことを覚えておいてほしい。確かに、実力のうえではそれほど変わりはないかもしれない。でもマインドと、物事への取り組み方がまったく違うんだ。

じゃあ、一般的に「二流」には、どんな特徴があるのか。大前提として「二流」は、自分の実力のなさや限界をしっかりと自覚し、それを受け入れている。つまり、僕のような奴のことだ。謙虚に現実を受け入れるだけの素直さとある程度の常識を持ち合わせているので、自分ができることが把握でき、それにしっかりと取り組む意欲をもっている。責任感があるともいえるな。「オレ・わたしは一流ではない」と、自らの実力不足も分かっているから、その足りない部分を補うために、自分なりにアプローチすることができるのも、「二流」の特徴の一つだ。そんなこんなで「二流」は、クオリティはどうあれ、とりあえずは仕事や頼まれごとを最後までやり遂げる力があるから、まわりからはけっこう信頼されるんだ。

対して、「三流」はどうだろう? まず「二流」との決定的な違いは、自分の実力のなさや非を認められない……という点だ。自分の力不足のせいでミスをしたとしても、プライドだけは超一流なので、その原因をすぐに他人や環境のせいにするのが、「三流」の大きな特徴だ。例えば、「明日までに、ボールをきれいに磨いといて」と三流に頼んだとして、それが翌日できていなかったとしよう。なぜできていないのか、その理由を尋ねると、三流は、「そもそも量が多過ぎてひとりじゃできなかった」、「友達から電話がかかってきちゃって、時間が足りなくてできなかった」、「なんとなくやる気がしなくて、全部終わらせられなかった」……とか、うだうだうだうだと、できなかった理由を正当化しようとするだろう。そう、言い訳がましく、「今言うなよ！」というような不平不満を並べ立てるのが、三流ヤローだ。めちゃくちゃダサくないか？他人への当たりは強いが自分には甘いので、すぐに手を抜くし、物事を途中で投げ出す。「三流」は基本的に自分中心でものを考えるので、物事を成し遂げようとする意志も責任感も弱いんだ。

「二流」の特徴

- 現実を直視する謙虚さがあり、自分の実力不足を受け入れている
- 素直で、ある程度の常識をもっている
- 自分ができること・やるべきことが理解でき、それに真面目に取り組むことができる

- 責任感と向上心がある
- 物事を最後までやり遂げる力をもっている
- 人に信頼される

「三流」の特徴

- 現実を直視せず、自分の実力不足を認めることができない
- 自分の非を認めず、ミスの原因を他人や環境のせいにして責任転嫁する
- 言いわけや不平不満が多い
- プライドだけは超一流で、自分に甘い
- 意志が弱く、すぐに物事を途中で投げ出したり、手を抜く
- 責任感がなく、自分中心で物事を考える

「二流」と「三流」、決定的な違いは、「謙虚さ」と「素直さ」の有無

「二流」と「三流」の特徴を並べてみるとよく分かるように、二者の決定的な違いは、現実を受け入れることができる「謙虚さ」と「素直さ」だ。

さっき、「何歳になっても、どんな地位になっても他人への謙虚な気持ちは忘れちゃいけない」っていう話をしたけど、これは自分自身に対しても同じ。これまでの人生を振り返ってみたとき、「ほんっと、オレ・わたしってダメなやつだな……」、「最悪だ、自分で自分が情けない……」とか、実力のなさを痛感してめちゃくちゃ凹むことがあるかもしれない。でも、その現状を謙虚に受け入れることができれば、大丈夫だ。「二流」にはなれる。まだまだ人としての伸びしろは大きいぞ。今が最悪の最悪でも、未来は最悪にはならない！　なぜなら、素直に新しい情報や知識を吸収することができるからだ。

少し極端な例になるが、友達と話していて、なんとなく聞いたことはあるけどちゃ

んと意味が分かっていない単語が会話に出てきたとしよう。例えば友達が、「最近のゲームのキャラクターは、〝ポリコレ〟を意識したものが多いんだよね」と言ってきたとする。「ポリコレ……。聞いたことはあるワードだけど、正直、意味はよく分かんねーな……」と思ったとき、「二流」と「三流」、それぞれどんな返しをするだろうか。

「三流」の思考的には、「意味を知らない＝恥」→「プライドが許さない」となるので、「確かに！」とかテキトーに相槌を打ったり、知ったかぶりをしたりして会話を流す。あとで「ポリコレ　意味」などとググるぐらいはするかもしれないが、その場では「〝ポリコレ〟の意味が分からない」という事実を隠そうとする。

対して「二流」は、「意味を知らない＝恥」という思考にはならないので、素直に友達に聞く。「ポリコレってどういう意味？　実はよく知らないんだよね……（笑）」みたいな感じで。知識がないのは、決してダサいことじゃない。分からなければ、それを知っている人に聞けばいいじゃん。そうすればすぐに新しい知識を増やせるし、その積み重ねで人としての厚みも増してくってもんだ。無駄なプライドが邪魔して分からないことをそのままにしたり、知ったかぶりをしたりするほうがよっぽどダサいし、知る機会を逃しているんだから、もったいない。分からないことに直面したとき、「分かりません」、「それってなんですか?」と素直に聞けるマインドをもち続けてほしい。オープンマインドの精神でいこう!

「リッチな二流」へのステップアップ法01
頑張り方を間違えないように!

「二流」は頼まれた仕事を最後まで成し遂げる力をもっている、という話を、先ほどチラッとした。その意欲と責任感をもっているのはとても大事なことだけど、ただ指示されたことだけをやって、成し遂げるのではフツーの「二流」止まりだ。頑張って完遂すればいいってもんじゃない。僕がここでいいたいのは、「練習してこい」と言われて、「素振り1000本やってきました!!」とドヤ顔でアピールするような奴になるなよってことだ。

確かに、1000本も素振りをし続ける集中力と体力はスゴいと思うよ? だけどさ、それって、自分の頭では何も考えずに、ただ闇雲にド真ん中を狙ってバットを振ってただけだろ？　そんな素振りにいったいなんの意味があるのか。本当にうまくなりたいなら、ヒットやホームランを打って試合で活躍したいなら、いろんなパターンの投球を想定して、自分なりにタイミングやバットの振り方を試行錯誤して練習しないと意味がないだろ？

仕事もそれと同じだ。なーんにも自分の頭で考えずに、指示されたことだけをやって「オレ、頑張りました！」ってドヤるなっての。そんなのは仕事をやり遂げたとはいえない。ただの、「仕事やってます！」というパフォーマンスだ。

何か目標を達成しようとする意欲をもっていないと、仕事をしたとはいえないと僕は思ってる。人間って、意味のない仕事はやり続けることができないもの。なんのためにその仕事をやっているのかが分からないと効率や生産性が下がってくるし、それは仕事じゃなくて「作業」になってくる。そうすると「とりあえず言われたことだけやっとけばいいか」、「ノルマさえこなしとけばいいや」みたいな、仕事をしたかのように見せるパフォーマンス化に走るんだ。

「リッチな二流」を目指すのであれば、自分がいったいなんのために仕事をするのか、何を目標にその仕事を成し遂げるのかを想定できるようになろう。「車を買いたい」、「彼女にアクセサリーをプレゼントしたい」、「今よりいい給料が欲しい」とか、最初はなんでもいいんだ。何か働くための目標をもてるようになれば、指示されるがままではなく、自分の頭で考えて仕事に取り組めるようになる。くれぐれも頑張り方、頑張る方向性を間違えないように、気をつけて！

「リッチな二流」へのステップアップ法02
テリトリーの外へ出ることを恐れるな

未知の世界に足を踏み入れることは、誰だって怖いもの。慣れ親しんだ場所に身をおいていれば勝手も分かるし、居心地がいい。だけど、「リッチな二流」に上昇したいなら、もっと未知の世界、自分のテリトリーの外へも積極的に出てみてほしいんだ。

地方在住だと、そういうのがすごく億劫になるのは分かってる。例えば北海道とかさ、とりあえず行けばなんでもそろう、札幌のような大都市がある地方だと、余計そうだよね。「わざわざ東京なんて行かなくても、なんとかなるじゃん?」って思う気持ちも分かる。でも、地元から出たことがないままでは、ダメなんだ。〝オレの世界は半径5キロ以内〟みたいな地元志向のままでいると、視野がまったく広がらず、仕事をエンジョイするうえで差し障りが出てきてしまうからだ。よく考えてみて。居心地はよくても、つるむ相手と見える景色はいつも同じ。それで本当にいいの? そんな毎日で、人生のモチベーションが上がる? 僕は上がらないと思う。人生へのモチベが上がらないと、仕事への目的意識(目標をもって仕事を成し遂げようとする意欲)ももてないでしょ?

だから僕は、社員たちに言うんだ。「もっと外に出ろ!」、「もっといろんなところで遊んでこい!」って。おいしいお店に行ったり、行ったことのない場所を旅したり、やったことのないアトラクションを楽しんだり、なんでもいいからプライベートでいろんな体験をしてほしい。いつもそう思っているから、無理やり新しいものを見せに連れて行ったりもする。うちの会社は地方の店舗がほとんどなんだけど、昇進のタイミングなどで東京の本社に来てもらって、遊びに連れ歩く。もし僕が社員の立場だったら、「楽しそう! ラッキー!」って思うけど、地方在住のスタッフは、最初だいたい嫌がる。やっぱり非日常的なところに連れ出されるのって、不安だもんね。地元から出るのが怖いって気持ちも分かるよ。だけど、一度その華やかさ、楽しみを知ると、「オレは今まで、あの狭い世界で何やってたんだ!?」って、目を覚ますスタッフが多い。この驚きや開放感って、たぶん一度地元から出てみないと分からないことだと思う。

そうすると今度は、考え方まで変わってくるんだ。「地元にいるままでいいや」、「今のまんまでオレは十分だ」と思い続けていたのが、「もっと別の世界が見てみたい」、「そのためにもっと稼ぎたい! オレにもできるかもしれない」って気持ちに変化してくる。自分のテリトリーの外に出るって、そういうこと。そんなふうに視野を広げていくことが、「リッチな二流」への志を高めてくれる。

「リッチな二流」へのステップアップ法03

一緒に未来を描ける、調子のいい〝船〟に乗り込め!

「リッチな二流」としてのマインド、行動が整ったら、いよいよ乗り込む〝船〟を探す段階だ。今一度、「リッチな二流」の条件を思い出してみてほしい。

- 「仕事は生きる手段」ととらえ、仕事中心の生活にならない
- ほどほどに裕福な暮らしができる額の給料を稼ぐ
- ほどほどにプライベートで楽しめる時間を確保する

という、大切な3項目があったのを覚えているだろうか？

リッチな二流の条件を満たすには、自分のマインドだけではどうにもならない。クリアできる会社に出合う必要がある。「この社長についていけば、年収６００万も夢じゃないかもしれない」、「この人が上司になるなら、面白い仕事ができるかもしれない」とか、そんなワクワクした気持ちが抱ける会社に出合えればラッキーだ。

僕は、そういう本質的なところで「一緒に仕事してみたい！」と思ってもらえる仲間を求めてる。それが「ロイヤルティ」ってやつなんだと思うんだ。「ロイヤルティ＝会社への忠誠心、愛社精神」って解釈が一般的だから、このご時世に「サラリーマン

として成功したいなら、ロイヤルティをもつことがいちばん重要だ！」なんて声高らかに言ったら、「ブラック企業じゃないのか⁉」って炎上するかもしれないけど（笑）、僕は大事だと思うんだよなぁ。忠誠心、愛社精神みたいな、そんな堅苦しいものじゃなくてさ、単純に、「好きだと思えない会社で働きたいと思わなくね？」って話。社長がいけ好かなかったり、理念が合わなかったりする会社では、フツーに働きたくないじゃん？　人とのつながりと同じで、価値観の不一致はキツいでしょー。僕はいつも、うちの社員たちには自分のことを一番に考えて、好きだと思える場所で楽しく働いてほしいなぁと思ってるんだよね。だって、社員が経済的に満たされたハッピーな生活を送るために働いてくれれば、その頑張りが会社の利益にもなるんだから。僕はずっと、そういう考え方でやってきた。賛同してくれたらうれしいな。

「リッチな二流」マインドを支える行動

「リッチな二流」にステップアップするためのマインドを整えるために、やっておくといいことがある。精神論だけじゃどうにもならないところを、行動から変えていくっていったところかな。……なんて、ちょっともったいぶっていってみたけど、小難しいことはいっさいナシ! 〝ルーティン化〟すると、「リッチな二流」として成功しやすいペースができるんだ。

その1　早起きを習慣化する

数年前から「朝活」が注目されている。朝の時間を有効活用すると、生活の質がワンランク上がる。「早起きで人生の主導権を取り戻せる」(古川武士『人生の主導権を取り戻す「早起き」の技術』大和書房)といわれているほど、朝、自分の時間をつくるために、自分が決めた時間に起きられるのは尊いことなんだ。〝しっかり起床できれば、人生を自分の力でコントロールできるといっても過言ではない〟と言う人もいる。

だけど、仕事に行かなければいけないなどの縛りがないと、早起きするのが難しいと感じる人もいる。平日は9時に出社しないといけないので7時半には起きるけど、土日は早く起きられず、昼過ぎまでダラダラ二度寝を繰り返してしまう……って人、実際けっこういるよね? ここで重要なのは、平日・土日にかかわらず、自発的に、自分の意志で朝早く起きることだ。そうしないと、人生を……というとちょっと言い過ぎか。1日を自分でコントロールしづらくなる。まずは1時間。いや、30分でもいいから前の日早く寝て、いつもより30分早く起きてみて。その早く起きた30分で、なんでもいいから自分のために時間を使ってみよう。それだけで、生活の質が変わってくるはずだ。

「早起きは三文の徳」とはよくいったもので、早起きにはいろんなメリットがある。まずなんといっても、集中しやすい！　起床後3〜4時間は、1日の中で集中力が最大になるといわれていて、勉強とか仕事はもちろん、家事をするにも集中できて、作業効率が上がる。これは一説には脳のキャパシティが朝は狭くなっていることが原因らしい。キャパが狭くなっているぶん、〝今日はこんなに勉強が進んだぜ！〟みたいな達成感・満足感を得られやすくなっているそうで、朝活することは精神衛生的にもいいんだってさ。

あと、早起きを習慣化しようとすると、睡眠や食事を取る時間など、規則正しい生活を見直すきっかけにもなる。だから自然と、ヘルシーで健全な生活を送るようになるよね。当たり前だけど、早起きすれば朝寝坊することもない。だから遅刻もしなくなる。いいことずくめでしょ?

規則正しく、メリハリのある生活スタイルを築くことは、「リッチな二流」街道を歩んでいくなかでも必ず、君をいい方向へと導いてくれる。〝だけどやっぱり、どうしても早起きは苦手で……〟という人へ、早起きするために有効なコツをいくつか伝授しよう。

- 寝る1時間~30分前は、ブルーライトを浴びないようにして目を休める
- 就寝前に、「明日は絶対、○時に起きてやる!」と決めて、自分自身に何度も言い聞かせる
- 「毎朝1時間、問題集を5ページずつ解いて、3カ月後の英語の試験に合格する」など、朝早く起きたら何をして、どんなことを達成したいのかを明確にする。それを紙に書いて目に入りやすいところに置いておくと尚よし!
- どうしても起きられないと思う日でも、二度寝だけはしないようにする。眠いときは15分昼寝する
- 朝ごはんを大好きなスイーツにするなど、起床後の楽しみを用意しておく

その2　朝の散歩を習慣化する

「クリエイティブな仕事をしている人は、よく散歩をする」、「天才は散歩好きが多い」などといわれることがある。これは、体を動かしているときのほうが不意にいいアイデアが浮かびやすいからだ。〝歩くことで創造性が増す〟というのは、科学的にも証明されている。

また、「散歩をしたあとは、集中力が上がる」といわれることもある。仕事や勉強に行き詰まっているときに、「気晴らしに、ちょっと外を散歩してみたらイイよ」なんて言われたことない？　散歩をすると脳のオンオフのスイッチが切り替わって頭がスッキリするだけでなく、〝幸せホルモン（セロトニン）〟が分泌されるんだって。このセロトニンは、集中力や記憶力のアップにも効果があるっていわれてるんだ。「リッチな二流」を目指していくなら、集中力も断然重要。というのも、高い集中力をもっていれば、目の前の仕事をスピーディーに終えられるからだ。残業が多い会社に勤めていたとしても、業務を実行するスピードが速ければ、そのぶん残業時間が減り、「リッチな二流」には欠かせないプライベートを充実させることができるはず。頭のなかをクリアにできていい運動にもなるうえ、集中力も上がる散歩。これを習慣化すれば、集中力を高めるトレーニングになり、「リッチな二流」にステップアップしていくための下地の一つになってくれるだろう！　僕が実践している、より効果的な散歩の仕方も公開しておく。

■散歩をする時間帯を決める

都合のいい時間帯でいいけど、せっかく早起きするなら朝のほうが◎。太陽の光を浴びられて、セロトニンの分泌が活発になるからだ。さらに太陽の光は、〝睡眠ホルモン〟であるメラトニンの分泌を抑制できる。セロトニンの分泌を盛んにしてメラトニンの分泌を抑え込めるということは、体内時計をいい感じにコントロールできるということ。すごく健康的！

■散歩に割く時間も決めておく

1日1回、30分、60分などガッツリ時間を割いて歩いてもいいし、5分、10分と短い時間で1日数回に分けて歩くのもいい。約20分、太陽の光を浴びながら歩くとセロトニンの分泌を十分に促せるとのことなので、朝散歩するときは、少し長めに時間を取ることをオススメしたい。

散歩のルートは〝ここ！〟と一カ所に固定しないで、毎回いろんなルートで歩いたほうが面白いよ。新たな発見や変化を感じやすくなり、五感も刺激されやすくなるからだ。散歩しながら、おいしいお店の開拓とかをするのも楽しい！

■晴れている日のほうが効果的。雨の日は無理しなくてOK

さっきいったセロトニンの分泌の関係もあって、僕は晴れの日の朝〜昼間に散歩することをオススメしたい。雨の日は無理して歩かなくてもいいでしょー。

とはいえ、〝散歩とか面倒くせー〟と思う人もいると思う。僕が散歩するようになったきっかけはペットだった。昔は動物とかぜんぜん興味なかったんだけど、家族が犬を飼い始めたことで、愛着が湧いて、毎朝散歩に行くようになったんだ。ペットをきっかけに始めてみるのもオススメだよ。

その3 集中力を高める

集中力を高めるトレーニングとして「散歩の習慣化」を推奨したけど、テクニックはほかにもたくさんある。

1)マルチタスクは× 取り組むタスクをひとつに絞る

マルチタスク(いくつもの仕事を同時進行すること)ができると、一見仕事がデキる人と思われがち。だけど、集中力を高めるという点から考えると、意識がさまざまなことに分散されがちなマルチタスクって実はマイナスなんだ。

要領よくマルチタスクを実践できると複数の仕事や作業を同時に、効率よく進められるかもしれない。でも人間って、ひとつのことに一点集中して取りかかったほうが、仕事の効率が上がるんだよね。だから、例えば「文章を書く」と決めたら、とにかく「書く」という行為に集中すること。途中で、書きながらググったり、細かく文章を直したりするのはダメ。そういうのはあとからやることにして、とりあえずざーっと「書く」と、高い集中力を発揮できる。

2）やるべきタスク以外の関心事を、脳内から削除する

〝ひとつのことに一点集中しよう！〟と気合いを入れても、〝あとで病院に電話しなきゃ〟、〝12時になったら猫にごはんをあげるのを忘れないようにしよう〟……とか、ほかの関心事が頭にあると、うまく集中できない。じゃあ、どうやってやるべきタスク以外の関心事を脳内から消し去ればいいのか？ 紙に書き出せば、一気に解決だ。関心事や、今気になっていることなどを紙にぜーんぶ、ひたすら書き殴る！ そうすれば〝頭の外〟＝〝紙の上〟に関心事が具現化され、頭で覚えておく必要がなくなるんだ。

3）小刻みに休む

集中力の持続時間はいろんな研究結果が出ているけど、〝長くても90分しかもたない〟っていうのが定説だ。大学とか学習塾の１コマって、だいたい80分～90分でしょ？ 理にかなってるってわけ。一度に長時間持続できるものじゃないから、〝オレ・わたしはなんて集中力が続かないんだ……〟と落ち込む必要はない。長い時間、高い集中

力を発揮したいなら、こまめに休憩を入れて集中を意識的に切るようにしてみて。〝なんの、これしき……!〟と、一度に欲張って頑張り過ぎると、疲れ切ってなかなか回復できなくなる。下手すると、〝もう今日は無理です。仕事できません……〟ってぐらいまで疲弊しちゃう。それぐらい、集中するって体力を使うものなの。そんな状態になったら、逆に効率悪いよな? 次の集中のための準備だと思って、無理せず、休みを挟もう。昼休みは別として、1時間頑張ったら10分休む……とか、それぐらいのペースでブレイクタイムを入れると、僕の場合は調子がいい。

以上の〝3大原則〟は頭の片隅においておくとして、集中力を高める実践的なテクニックを知りたいよね。僕が実際にトライしてみたことがあるテクのなかから、〝これは効いた!〟っていうものを並べてみるね。

テクニック01 集中できる環境を整える

〝よし、やるぞ!〟と思ったら、すぐに仕事に取り掛かれるようなデスク環境を整えるべし。パソコンを使って作業するなら、ノートパソコンと筆記用具しかデスクの上に置かない！　いっそそれぐらい徹底しちゃったほうが、集中のゾーンに入りやすいぞ。スマホが置いてあると気が散るので、〝事務作業している1時間の間だけはカバンにしまっちゃえ！〟ぐらいのことはやってもいいと思う。

テクニック02　あえて切りの悪いところで作業を中断して休む

片づけなければならないタスクが多く、集中力をたくさん使わにゃならん日に、僕はこのテクをよく使う。〝あともうちょっと、最後の確認をするだけで完了するのに……〟っていう、中途半端にもほどがあるところで一度作業を中断して、休憩を取るんだ。そうすると、終了・達成できなかったという〝心残り〟が強く印象に残って、〝よし、改めて集中して頑張るぞ！〟っていうモチベーションになるんだ。このテクは、プラモデルを組み立てるときとかも使うことがある。〝あとちょっとで脚部の素組みが終わるのに……ここまで組んだら最後までやっちゃえ！！！〟っていうタイミングで、一度休むの。そうすると、いくら素組みが面倒くさくても、最後まで集中して丁寧に組み立てられるんだよね（笑）。

テクニック03　自然音や環境音を聞きながら作業する

最近、ASMR（聴覚や視覚への刺激によって人が感じる、心地のよい音声）が流行ってるじゃん？　そのおかげか、動画サイトにも集中力を高める効果があるヒーリングサウンドや自然音をひたすら流し続けてくれる動画がたくさん上がってるよね。僕はそれを聞きながらだと集中できて、デスクワークが捗る。一説によると、70デシベルぐらいの環境音（環境や周りの空間から聞こえてくる音を表す言葉で、川の流れや雨音、焚き火の爆ぜる音や森の音などがあげられる）が聞こえてくる状況で仕事をすると、創造的なパフォーマンスが高まりやすくなるんだって。70デシベルっていうと、普通の乗用車が通り過ぎていったときぐらいの音の大きさかな。YouTubeにも自然音や環境音の動画がたくさん投稿されているから、試しに探してみて。ちなみに僕は、焚き火の音と、波の音がけっこう集中できる。あと、電車の中にいるような環境音をひたすらライブで流しているチャンネルがあるんだけど、最近それもお気に入り（笑）。

テクニック04　アドレナリンを出す！

これは、〝マジで眠すぎて、仕事にならん……‼〟みたいなときに使うテク。体を動かしてアドレナリンが分泌されると、体が活性化するでしょ？　体が活性化すれば眠気が覚めるし、脳も活性化して集中力も高まるっていう寸法だ。数十秒から数分ほど、うっすら汗が出てくるぐらいの運動をすると、これが実現する。スクワットやキツめのストレッチ、軽めの体感エクササイズ、20秒ダッシュなど、わりとすぐに息が切れる運動をサッと集中的にやってみるといいよ。

その4　部屋の整理整頓を習慣化する

一流じゃなくても、そこそこ仕事がデキる人っていうのは、共通して、仕事をしやすい環境づくりをすることが当然のルーティンとなっている。つまり、デスクや引き出し、書斎をもっていれば部屋全体と、仕事で使う場所の整理整頓がちゃんとできてるんだ。業務で使用する書類やファイル類なども、いつでも必要なときにすぐ取り出せるように収納してある。仕事する場所がキレイに片づいていると、なんだか頭もスッキリするものなんだよね。部屋やデスクまわりがキレイだと、頭の回転も速くなるような気がする。

〝きちんと整理整頓したいのはやまやまなんだけど、散らかりすぎててもはやどこから整理を始めればいいのか分からん……〟的な、片づけられない症候群気味の人もいるよね。デスクにもソファにも物が散乱し過ぎていて、いざというときに必要なアイテムがさっと出てこない。そんな経験をしたことがある人も少なくなかろう。そういった、整理整頓が苦手な諸君は、〝どこに収納しようかなぁ〟などと、もう悩まなくていい。どこにしまうべきか判断できないものは、とりあえず1カ所に集積すべし！

なんでもいい。大きめの箱とかを1つドーンと用意して、そこにぶち込んでおけばいい。そうすると、頻繁に使うものは出し入れの機会が多くなり、使用頻度の低いモノがどんどんその箱に溜まっていくことになる。そこから断捨離するのもアリ。箱からモノが溢れ出してきたら整理して、もう一つ別の箱を用意してそっちに入れてもOK。この作業をすることで整理整頓ライフがかなり変わるし、ラクになるぞ！　まず、〝今すぐアレを使いたいのに、ぜんぜん見つからない〟みたいな事態に陥ることがなくなり、必要なものはとりあえず全部箱の中に入っている、という安心感を得ることができる。1カ所にモノが集積されていることで、部屋もだいぶスッキリするだろう。整理や片づけが苦手な人は、ぜひ試してみてほしい。

実際、僕が前に見学に行った山梨県甲府市の宝石メーカーの工場は、ものすごく綺麗に片付いてた。職人さんに、〝いちばん大切なことはなんですか?〟って聞いたら、整理整頓なんだって。これができない人には道具も触らせないって言ってたよ。

その5　スキマ時間を有効的に使おう

集中力と同じぐらい、身につけておいて損がないものが、時間を有効活用する力だ。仕事時間をムダにせず、効率的に時間管理ができれば、それだけプライベートに当てられる時間が多くなるからね。

移動時間や通勤時間、昼休み、何かの待ち時間などなど、いわゆる〝スキマ時間〟を上手に使えば、仕事時間にもなり得る。

〝そんな、1時間やそこらでやれることなんてたかが知れているのでは?〟と思うかもしれないけど、侮れないんだぞ。〝1時間しかないよ!〟っていう制限ができるから、逆に人は燃えるんだ。〝この空いている1時間を使って、なんとかこのタスクを終わらせよう!〟と一点集中しやすくなるから、作業効率がグ〜ンと上がる。

それにさ、メールの返信やちょっとした確認作業とか、わざわざガッツリ、デスクに座ってやるのはバカバカしくない? そんな数分で終わるようなちょっとした雑務はスキマ時間にちゃちゃっと片づけておいて、デスクに座っている時間は、企画書や資料の作成など、じっくりと時間をかけてやるべき作業に当てたほうが絶対いいでしょ。そのほうがパフォーマンスも高くなる。たかが1時間、されど1時間。きみのとらえ方次第で、時間の価値は変わってくる。「リッチな二流」として生きていくなら、ほんのスキマの1時間、30分でも、ムダにしないように心掛けたほうがいいよ。

その6 いろんな分野で〝知りたがり〟になるクセをつける

そこそこ仕事ができる人っていうのは、情報収集に熱心だ。要は、好奇心が旺盛で知りたがりなの。自分で〝僕は特別仕事ができる!〟なんて思っちゃいないけど、僕も知りたがりの類い。まあ、経営者として常に新しい情報は仕入れておかなければいけないっていう部分もあるんだけど、コンビニで新しいスイーツなどを見かけたら、どんなもんか試してみたいからつい、買っちゃうよね。そんで太るの(笑)。

あとは、これは僕もやっていてかなりオススメなことなんだけど、YouTubeを観ること。〝YouTubeって10代の子が暇つぶしに見る程度のものでしょ、そんなんで何か情報得られるの？〟って思う人も多いと思う。実際僕も10年前はそう思ってた。でも改めて観てみたら、経済の解説やら税務やら知りたいことの宝の山で、情報量が多いことに気がついたんだ。しかも動画だと本を読むより短時間で理解しやすい。

それからは毎日の通勤時間の30分に必ず1本見るって決めて、週5日×4週×12カ月×5年＝１２００の知識がついたんだ。

本やテレビだけじゃなくて、いろんなところに情報は転がってるから、少し意識を変えるだけで見える世界が変わってくるよ。

毎朝新聞を熟読しろ、ニュースサイトを巡回しろ、ビジネス書をちゃんと読め！とか、そんな、すぐには実践できそうにないことをいうつもりはない。さっきのコンビニスイーツの話みたいな感じで、自分の興味のあるジャンルの情報を積極的にゲットするクセをつけるだけでも、君が得る情報量は変わってくるし、アイデアの引き出しが増えるはずだ。新聞やニュースアプリを読むのがキツかったら、毎朝ＳＮＳのタイムラインを眺めているだけでも構わない。自然と今話題になっているトピックが続々と流れてくるだろう？ それをなんとなく流し読みしているだけでも、変わってくると思うよ。

これら6つの事項をルーティンとして毎日できるようになれば、「リッチな二流」をひた走るための下地は、完璧に築けるはずだ！ どれもそんなに難易度は高くない。裕福で余裕のある暮らしを手に入れるために、ぜひチャレンジしてみてくれ。

リッチな二流の心構え＆行動

マインドレッスン

ムダに一流は目指さず、現実を受け止める

謙虚さと素直さをもつ

そのためには……

頑張り方を間違えない！

積極的にテリトリーの外へ出る！

“調子のいい船”に乗り込む！

アクションレッスン

① 早起きを習慣化する

② 朝の散歩を習慣化する

③ 集中力を高める

④ 部屋の整理整頓を習慣化する

⑤ スキマ時間を有効に使おう

⑥ いろんな分野で“知りたがり”になるクセをつける

第3章

二流にいちばん大切なのは人間関係 最速でコミュ力をアップさせる10のポイント

ポイント01

いいコミュニケーションは、まずは挨拶から

どんなに規模の小さな企業に入ったとしても、会社勤めのサラリーマンである以上、人との交流は避けられない。自分ひとりじゃ仕事は回せないからね。上司や同僚、後輩とイイ感じに人間関係を築きながら、仕事ってのは進めていくものだ。つまり会社に入って「リッチな二流」として成功する、もっというと、成果を上げていくためには良好な人間関係の構築が超重要なんだ。いい人間関係をつくり上げていくためには、当たり前だけど、人並みのコミュニケーション能力（コミュ力）が必要になってくる。

そもそも、コミュ力が備わっている人とはどんな人なのか。それは、

話している相手に不快感を与えず、自らの意見も主張できる人

のことだ。相手の言い分に合わせてとりあえず同調するような、いわゆる「空気が

読める」力が必要となるが、それだけじゃコミュ力が高いとはいえない。空気を読んで対応しながら、自分が思っていること、言うべきこともちゃんと主張できなければならない。〝とりあえずどんな人とも仲良くできるよ〜〟ってだけでは、コミュ力が高いとは言い切れないんだ。そういう、協調性だけは備わっている場合はコミュ力を鍛えやすいんだけどね。

「仲のいい友達とならちゃんと会話のキャッチボールができるけど、あんまり話したことのない人や、ましてや仕事上で関わるだけの先輩や後輩とは、どんなふうに話を広げればいいのか分からない……」という、人見知りタイプは一筋縄ではいかない。こういう場合、どうやってコミュ力を上げていけばいいのか？

答えは超カンタン。まずはしっかりと「挨拶」をすることだ。これは一流、二流にかかわらず、人としてまともに生きていくうえで一番重要なポイント。挨拶なんて、幼稚園児だってできるメチャクチャ基本的で当たり前なことなんだけど、ちゃんとできない奴って案外多いんだよ。

学生時代にも、「おはよう」の一言が言えない奴がいなかった？　たいして仲がいいわけじゃなくてもクラスメイトなら、目が合えば「おはよう」の一言ぐらい言うのが礼儀だと僕は思うんだけど、スルーしてくる奴っていたでしょ？　こっちが挨拶しても無視してきたり、めちゃくちゃ小さい、聞こえないレベルの声で「（おはよう……）」とぼそぼそ返してきたり。そういう奴とは、仲よくなろうっていう気になれないだろ？フツーに、なんなら笑顔で「おはよう！」って言ってくれる奴がやっぱりイイじゃん！

　感じのいい挨拶をしてくれる人って、それだけで好感度爆上がりなんだよね。たとえその人についての情報がゼロの状態でも、にっこり笑ってハキハキ挨拶してくれるだけで、「お、こいつ、イイ奴そうじゃん」って、相手も心を開きやすくなるものだから。仏頂ヅラでぼそぼそ挨拶するような奴は、「なんだこいつ、感じ悪いな……」って思われて、ムダに損しちゃう。

　コミュ力に不安があったら、とりあえず笑顔で、ちゃんと聞こえる声で挨拶をする。これを心掛けるだけで、かなり変わってくるよ。余裕があれば、「〇〇さん、おはようございます」みたいな感じで、相手の名前を入れて挨拶してみ。もっと相手との距離が縮まりやすくなる。ウソだと思うなら、試しに続けてみて。まわりからの反応も、君の心持ちもガラッと変わるはずだ！

ポイント02　「同意」と「共感」を織り交ぜて雑談力アップ

　コミュ力を発揮しろといわれても「実際問題、上司とは共通の話題がないし、何を喋っていいか分からない……」、「頑張ってトークしてみたものの、ぜんぜん話が続かなくてすぐ気まずくなる……」など、まともに会話ができずに悩んでいる人もいるんじゃない？　会社は世代のまったく異なる人間とうまく関係を築いていかなきゃならないっていう部分もあるから、確かに、仕事以外の話では共通の話題がなくて困ることがある。身構えて、友達と話すときのようにスムーズに言葉が出てこなくなっちゃうよね。仕事の話以外の〝雑談〟って、難しいと感じるシーンがけっこうあるんだ。

　でも雑談って、読んで字のごとしなのよ。〝雑〟な談、つまり、特に意味のない、とりとめのないことを気軽に話すってだけのことなんだ。だからぶっちゃけ、たいして難しいことじゃない。そういわれると、〝そんな無意味な話、そもそもする必要ねーだろ〟、〝時間のムダじゃね？〟って思う人もいるだろうと思う。だけどね、雑談を甘く見ちゃいかんのだ。雑談することによって〝僕はあなたに興味がありますよ〟ってことを匂わせることができる。関係を深めたい相手とのコミュニケーションの突破口にもなってくれる。スムーズなコミュニケーションにもっていきたいときに、とても大きな役割を果たしてくれるんだ。雑談を通して上司や同僚と打ち解けて、本音を打ち明けやすい雰囲気をつくっていくことで、信頼関係も生まれやすくなる。もっというと、そこそこ無難に雑談ができるようになると、お客さん相手などのビジネスの場でもいろいろ有利になる。雑談力は、もっていて損はないスキルだよ。

じゃあ、どうすれば上手に雑談ができるようになるのか。〝同級生相手でもどーでもいい話するのってムズいのに、どうすりゃいいんだ……〟みたいな、そもそも話すのがあまり得意ではない人にオススメしたい方法がある。まずは〝相手から投げかけられてきた言葉に同意する〟ってことから始めてみて。例えばこんな感じだ。

A「おはよう。今日は寒いね」

B「（ハキハキと）おはようございます！　ほんとですね【同意】。寒過ぎて、今朝ストーブつけちゃいましたよ」

A「オレもエアコン入れたわー【同意】。まだ10月なのに一桁台の気温はヤバいよな……」

B「ですよね【同意】。今年の冬は寒そうで嫌だなぁ」

内容なんてまっっっったくないけど、お互いに【同意】を挟んでいくだけで、仲の良さそうな会話になってない？ じゃあこれが、いっさい【同意】を挟まずに話を進めようとするとどうなるだろう？

A「おはよう。今日は寒いね」

B「(ぼそぼそと)よっす……。そうですか？ 昨日と変わらなくないですか？【反意】」

A「いや、風も強いし寒いよ。オレ今朝、エアコン入れちゃったもん」

B「へぇ……。(スマホの天気予報を見て)、あ、ほら、やっぱり変わらないですよ【反意】。昨日より1℃低いだけですから」

A「あー、そうなんだ……」

Bくん、すげぇー感じ悪くね？（笑） たかが雑談なのに、そんな頑なに〝いや、違いますよ！〟的な態度取らなくてもねぇ……。中身のない会話なんだから、テキトーに相手に合わせておけばもっと会話が続くのになぁ。わざわざ具体的な気温まで見せられて、〝僕の感覚が正しいですよ！〟みたいなこと言われたら、Aだって〝あ、そっすか……〟で即会話終了だよな。これ以上コイツと話しても面倒くせぇだけだもん（笑）。

この2例を見てもらうと分かるように、雑談ってのは、意味や結論を求めようとしたら会話が円滑じゃなくなる。議論しようとしたり、結論づけようとしたりしちゃいかんのよ。あとの〝いや、こうですよ！〟と必要もないのに無理やり結論づけようとすると、雑談特有のマッタリした雰囲気が台無しだし、相手も気軽に話せなくなってしまう。それに、上から目線で話しているような感じを相手に与えたり、不快な気分にさせたりすることもある。何度もいうけど、雑談とは、その内容自体にはたいした意味がないのだから、相手に共感を示すことが大事だ。

A「昨日9時まで残業してたから疲れが取れてないんだよ……」

B「それは大変でしたね……。お疲れさまです」

A「ずっと売り切れで手に入らなかったスイーツをやっと買えたんだよ！」

B「マジですか!?　よかったですね！　一口ください（笑）」

みたいな感じで、話を振ってくれてる相手に対してワンポイント、共感の一言を加えるだけで、スムーズに会話が運んで話が盛り上がる。

「同意」と「共感」、この2つを使って雑談にチャレンジしてみてくれ！

ポイント03 人の話をちゃんと聞く

これはマジでめちゃくちゃ簡単だ。適度に相槌を打っておけば大丈夫だから。そうなんだ～、分かる～、ウケる～、の3つでだいたいの会話は成り立つから安心して（笑）。

ポイント04 名前は覚えて、ちゃんと呼べ

いいコミュ力を発揮していくなかで、「会話中、相手の名前をちゃんと呼ぶ」というのもかなり大切。ときどき、「人の名前覚えるの苦手でさぁ〜」とか、「オレ・わたしって人の名前覚えない人だから、いまだに同期の顔と名前が一致しないんですけど(笑)」などと妙なイキり方をしている奴がいるけど、「いやいや、それぜんぜんイケてないから。真面目に覚えたほうがいいぞ」といいたい。

人って無意識のうちに自分の名前を好ましいものと感じ、ポジティブにとらえるようにできているらしく、名前を呼ばれると、その相手に親近感や信頼感を抱きやすくなるんだって。何度も名前を呼ばれると、〝この人は自分に好感をもってるんじゃないか?〟と感じるようになるらしい。

例を挙げてみると分かりやすいんだけど、上司に、

「佐藤さん、X社のプレゼン資料を私のデスクに置いておいて」

と言われるのと、

「ちょっとそこの君、X社のプレゼン資料を私のデスクに置いておいて」

と言われるのとでは、感じ方がぜんぜん違うでしょ？ 後者はなんか偉そうだし、感じ悪いじゃん。名前を呼ばれるとしっかりと自分が相手に認識されている実感が湧くけど、「君」とか「あなた」と二人称で呼ばれると、〝あ、この人、自分にはぜんぜん関心ないんだな、部下という使えるコマの一人ぐらいにしか思われてねんだろうな〟みたいに思えてくる。

この例え話からも分かるように、上司や同僚といい信頼関係を築いていきたいなら、「相手の名前をちゃんと覚える」、「話のなかで良きタイミングに相手の名前を呼ぶ」ことは怠らないようにしたほうがいい。

色恋沙汰でもそうじゃない？ モテる男やモテる女が、オトしたい相手と会話をするとき、絶妙なタイミングでその相手の名前を呼ぶでしょう？ 挨拶するにしても、ただ「おはよう！」って言うんじゃなくて、「〇〇ちゃん、おはよう！」って言う、みたいなさ。名前を呼ばれるとやっぱり特別感が出るし、承認欲求が満たされるんだよ。だから異性もオトしやすくなる。一説では、名前を呼ばれると幸せホルモン（オキシトシン）も分泌されるらしいしね。そんなもん、円滑なコミュニケーションに使わない手はないでしょー！

ちょっと話が逸れたけど、とにかく人の名前を覚えて、実際に呼ぶことは、信頼関係を築いていくうえで大事ってこと。ちなみに僕は、全社員・アルバイトの名前と顔を覚えてるよ。

ポイント05 当たり前のルーティンが信頼をつかむカギに

ここでひとつ、1年間でコミュ力が飛躍的に上がったうちの社員の話をしよう。彼は19歳で入社して(現在は20歳)、当初は陰キャで挨拶もまともにできず、同僚ともちゃんとコミュニケーションが取れなかった。あとで聞いた話だけど、どうやら学生時代から引きこもりがちで、わりと複雑な生い立ちだったらしい。性格は自虐的で、他人が言うことや助言を素直に受け取れず不平不満ばかり言って、何かミスを犯すとすぐに責任転嫁して、自分を正当化するような奴でさ。とにかく最初は、教育係のスタッフや店長がかなり手を焼いてた。そんな奴が、入社1年で急成長して、今じゃ別の店舗を任せることができるほどになっている。そのきっかけって、なんだったと思う？店長に詳しく話を聞いてみたら、「ものすごく当たり前なことを『ちゃんとやれ』と、徹底的に指導しただけです」って言うんだ。

どういうことかというと、「ちゃんと挨拶をしなさい」、「掃除をして、店内を常に清潔に保ちなさい」みたいな、誰でもできる超〜〜基本的なことを、毎日毎日、徹底的にやらせただけだっていうんだよね。当たり前のルーティンを真面目にやり続ける、一見些細なことでも、そういう小さな継続が、のちのち人からの信頼につながっていくんだということを、何度も何度も、繰り返し教えたんだって。

いい人間関係を築いていくうえで、お互いを信頼し合うことって絶対に必要。正直、入社したばかりの頃の彼は、とてもじゃないけど信頼して仕事を任せられるような奴じゃなかったと思う。「言い訳がましく不平不満ばかり言う」、「自分のミスを認めず、責任転嫁する」って、思いっきりさっき話した「三流」の典型的特徴だしね。そんな人間に、「月の売上を○万円達成しろ！」とか、いきなり大きな目標を掲げさせたところで実現できるわけがない。そんなの本人も、まわりも分かることだ。それなら、今すぐにやって実現できることって何？　挨拶や清掃、日々当たり前にこなしていくルーティンでしょう。

誰にだってできる超カンタンなことかもしれないが、毎日コツコツと継続していけば、得られるものは大きい。好感がもてる挨拶は相手とイイ感じにコミュニケーションを取るための突破口になるし、日々の清掃は必ずのちのち、相手からの「信頼」というかたちで残っていくからだ。君が毎日きれいに掃除をしていれば、絶対誰かがそれを見ているはず。その行為はちょっとずつ、ちょっとずつ、見ていた人の心に蓄積されていき、「おお、こいつは毎日欠かさずしっかり掃除ができる、ちゃんとした奴なんだな」って、信頼を勝ち取れるようになるはずだ。

人から信頼されるようになれば、それは自信にもつながる。だってさ、信頼されているってことは、ある種、自分を認めてもらえてるってことにもなるでしょ？　そうすると今度は、「オレのやっていたことは間違ってなかったんだ！」、「ちゃんとやっていてよかった」と、考え方もだんだんポジティブに変わってくる。やがて人からもらった信頼は、いろんなことを素直に受け入れる下地にもなっていくんだ。

例で挙げた20歳の彼も、日常ルーティンの継続で勝ち取ったまわりからの信頼によって、かなり自分に自信がついて物事を前向きにとらえられるようになったんだろう。入社3カ月目ぐらいからは、不平不満や言い訳、ネガティブな発言が極端に減ったって聞いた。実際の業務に対しても、「もっと新しい仕事を覚えたい」、「いろんなことにチャレンジしてみたい」と、積極性が出てきたらしい。それで入社1年で他店舗を任されるほどになって、年収だって５００万ぐらいもらってるんだから、本当に人ってどうなるか分からないよね。もっているマインド次第で人って、変われちゃうんだよ。だから一度や二度挫折したからって、人生を諦めることはないんだ。

ポイント06 姿勢と身だしなみで、信頼度が変わる！

他人からの信頼を勝ち取るうえで、挨拶や掃除などと同じぐらい気をつけてほしいことがある。これもメチャクチャ当たり前のことなんだけど、身だしなみと姿勢だ。特に身だしなみ！　これは、もしかしたら君が想像している以上に社会的信用に関わってくる。なので、上司や同僚だけでなく、お客さんとの信頼関係を築くうえでもかなり重要だから、注力したほうがいいよ。

　というのも、心理学者アルバート・メラビアンが提唱した「メラビアンの法則」によると、人の印象を決定づけるものは半分以上（55％）が「外見」らしい。さらに人間は、初対面の相手の第一印象を、清潔感に姿勢、挨拶の仕方、表情、口調などで判断しているという説もある。

　会話スキルなどはとりいそぎ抜きにして、清潔にして姿勢をよくしているだけで印象よく思われるなら、そんなラクなことってなくない？　超簡単じゃん。だけど、新入社員を見ているとこれが意外とできていない奴が多かったりする。髪がボサボサで脂ぎってる、爪が長くて汚れている、靴を磨いた形跡がなくいつも汚い、衣類から洗濯物の生乾き臭が漂ってる、シャツがシワシワ、自分のサイズに合わないスーツを着ている、とかね。ハッキリいって、こんな自分の心掛け次第ですぐにどうにかなることで人としての印象が悪くなるのって、バカバカしいだろ⁉　〝うわ、この人なんか感じが悪い〟、〝不潔そう……〟など、一度人から嫌悪感を抱かれると、それを挽回するのってすごく大変なんだ。日頃から身だしなみや姿勢を正す意識をもっているだけで、清潔感やいい姿勢って自然と保てるもの。自信がない人は、チェック項目を常に意識してみてほしい。

服装

□チェック01　スーツやシャツはきちんとアイロンがけされている
□チェック02　スーツなどの仕事着は、自分のサイズに合っている
□チェック03　TPOに合った靴下を履いている(ビジネスシーンでは白の靴下はNG)
□チェック04　靴は清潔に磨かれている
□チェック05　派手なアクセサリーを身につけない

ヘアスタイル・スキンケア

□チェック06　ビジネスシーンに合った髪型・髪色をしている
□チェック07　髪は清潔に洗われていて、整えられている

□チェック08　ヒゲは剃っているか、清潔に整えられている
□チェック09　汗くささやアルコール臭、口臭など、体臭をケアしている
□チェック10　女性の場合、ビジネスシーンに合ったヘアメイクを心掛けている

〝身だしなみにはどうも疎くて……〟とか、〝服とか下着とかをいちいちそろえるのが面倒〟みたいな諸君には、「まとめ買い」がオススメだ。Yシャツや靴下、パンツ、ハンカチなど、毎日使うものは、同じものを10セットぐらいまとめ買いしちゃうの。そうすると毎朝シャツを選んだり、〝あれ？　靴下片方どこいったっけ？〟、〝やば！　シャツのアイロンかけ忘れた！〟みたいな面倒に見舞われたりすることがなくなって、かなり身支度がラクになるぞ（まあ、ちょっとお金はかかるけど）。

あと、身だしなみの面からいうと、シェーバーや爪切り、歯磨きセット、整髪料なんかは、ポーチなどに入れて常に持ち歩いていると便利。家を出てからヒゲの剃り残しを見つけたり、爪を切り忘れていることに気づいたりするときもあるじゃん？　そういうときのために、ポーチをカバンやデスクにぶっ込んでおこう。

もっと突っ込んだことをいうと、身だしなみをしっかりしていて姿勢がいい人は、セルフマネジメントが上手だと他人から判断される。つまり、〝自己管理ができている、ちゃんとした人だ！〟と見なされるってことだ。自己管理ができているとメンタルや健康状態が安定するだけでなく、他者との信頼関係をスムーズに築きやすくなる。それはやがて自信にもつながって、「リッチな二流」として生きていくなかで、きっと君の糧になっていくはずだ。

ポイント07　感謝の気持ちは、出し惜しみしない

挨拶と同じように、意外とちゃんとできない奴が多いのが、「感謝の気持ちを相手に伝えること」だ。心のなかではちゃんと感謝していても、「ありがとう」となかなか声に出して言いづらい、なんか恥ずかしいって思っているのかな？　確かに、親や嫁さん、親友とか、すごく親しい相手に改まって「ありがとう！」って言うのはなんかこっ恥ずかしいときがあったりするし、気持ちは分からなくはない。だけど、感謝

の気持ちを出し惜しみしても、何もいいことがないぞ。ストレートに伝えたほうがいい。気持ちがこもった「ありがとう」は、言った側も言われた側もハッピーな気分になれるし、良好な人間関係を築くには不可欠なワードだ。まっとうに生きていくうえで、すごく大切な心構えの一つだと、僕は思ってる。

サラリーマンの仕事はほとんどの場合が自分ひとりで完結できない。上司や同僚、後輩、取引先の会社の人やお客さん、家族など、直接的にではないかもしれないけど、よくよく考えてみるといろんな人に支えられてできているんだ。まずはそういう現実に感謝するべき、といっても、あんまりピンとこないか！（笑）説教くさい話は抜きにして、単純に、人に何かしてもらったら感謝をして、必ず「ありがとう」と言う。メッチャ当たり前のことだけど、ただそれだけでいい。恥ずかしがったり尖ったりせずに、とりあえず言ってみて。笑顔で「ありがとう！」と言われて、嫌な気持ちになる人はいないんだから。相手が上司だろうと後輩だろうと、小さな子どもだろうと関係ない。自分のために何かやってくれた人がいたら、しっかり言葉に出して感謝の気持ちを伝えるようにしてみよう。

素直にお礼が言える奴には相手も心を開きやすくなる。「困っていたらまた助けてあげよう」、「また教えてあげよう」っていう気持ちに相手もなるだろうから、君に味方が増えるぞ。

ポイント08
無知のままでいるのは罪！ 知らないことをそのまま放置するな

実はうちの社員って、入社当時コミュ障だった奴がけっこう多い。例えばどんな感じかっていうと、自分の話ばかり一方的にして相手とまともに意志疎通がとれない、場の空気が読めない、抑揚をつけて話ができない、人から注意されたり怒られたりすると黙り込む、などなど。けっこうヤバいでしょ？　いくらうちは採用の間口が広いとはいえ、な〜んでそんなコミュ障ばかりが入ってくるのかな……？　と不思議に思い、一度よく考えてみたことがある。それで分かったのは、彼らは決してコミュ障じゃないってこと。ただ経験が乏しくて、ものを知らないだけだったんだ。中卒や高卒で、社会に出た経験がほとんどない状態で入社している奴は、ただ無知なだけなんだよね。あと、年1ペースで転職を繰り返しているようなタイプ。アラフォーとか、年齢はそこそこいってるのに、名刺交換さえまともにできない、世間話や雑談ができなくて黙っちゃう、そもそも言葉遣いがまともじゃない、とかさ、〝こいつ、いい歳してマジでコミュ障だなぁ〜〟と漠然と思っていたんだけど、ちがうの。ビジネスマナーを知らない、ただの無知なオッサンだったの（笑）。仕事を覚える前にすぐに会社を辞めちゃうから、基本中の基本みたいなビジネスマナーさえ習得するチャンスがなかったんだろうね。

「二流」の特徴について語ったときに少し触れたけど、「知らないことがある＝恥」ではない。でも、知らないことをそのまま放置するのは、のちのち恥ずかしいことになってくる可能性大。「え、40過ぎててそんな一般常識も知らないの？」みたいな感じでね。それだけでなく、僕みたいに、「こいつコミュ障なのかな？」って勘違いする人間も出てくるだろうし、不信感につながりかねない。そんな人間と、いい関係をつくりたいとは思わないじゃん？

だから僕は、無知なままでいることは、百害あって一利なしといっても過言ではないと思ってる。分からないことがあったらためらわずに、それを知ってる人に聞いちゃえばいいんだよ。もちろん、調べたり勉強したりして解決できるものは自分でなんとかすべきだと思う。でも、それで解決しないことは、どんどんまわりを頼ったらいいじゃん。質問することだって、コミュニケーションの一つだよ。やりとりを重ねているうちに、教えてくれる先輩や同僚との関係も深まるし、「こいつ、ちゃんと一生懸命に仕事に取り組む気があるんだな」と評価されて、信頼関係も生まれてくる。

根拠のない自信やいらないプライドはさっさと捨てて（「リッチな二流」を目指すと決めた君は、すでにそんなものはもっていないと思うけど）、分からないことはちゃんと解決して、学ぶチャンスを逃さないようにしよう。

入社当初、ものを知らずに、僕にコミュ障だと思われていた社員たちでも、半年ぐらい仕事を続けていくうちにずいぶんと変わってくる。辞めずに、一生懸命頑張ってくれる社員は、まっすぐに「リッチな二流」として生きていくことを志しているから、知らないことをそのままにしないんだ。上司や同僚に聞くなり、社員全員で共有しているマニュアルアプリで自発的に勉強するなりして、ちゃんと自分で解決して前に進んでいる。

ポイント09 素直さがスピード昇進につながる

実はうちの会社、肌が合わない奴はすぐに辞めていってしまう。なんというか、けっこう両極端で、すぐ辞めてくタイプは1カ月とか数週間でいなくなっちゃうんだけど、続く人は創業当初からもうずっといたりするんだよね。

すぐ辞める人と、長く勤める人。両者の違いって、いったいどんなところにあるんだろうと、幹部クラスの社員と一度話し合ったことがあるんだけど、決定的な違いがあることに気づいた。それは、〝初心に戻ってイチからやり直そう！〟と決心できるような、「素直さ」をもっているかどうかだ。「一流」は〝素直に〟物事を解釈して、現実を受けとめられる。その素直さって、人間関係を築いていくうえでも大事だし、もっと大きな括りでいうと、会社に入って成功していくためには不可欠なものだ。

うちに履歴書を送ってくる奴ってさ、「もっとスキルアップしたくて転職してきました！」的な、上昇志向があって入社してくるパターンがほとんどない。というか、ゼロ。一度人生でやらかしてしくじってしまったり、挫折しちゃったりして、再起をかけてやってくるんだ。その中でも、タイプが2つに分かれる。

1つは、「自分のやり方」を曲げられないタイプ。こっちはすぐに辞めちゃうねぇ。うちの会社は貴金属やジュエリー、ブランド品などを扱う、いわゆる古物商なんだけど、前職で似たような業界にいた奴やジュエリーなどを扱う仕事をしていた奴に、このタイプが多い。中途半端に知識をもっているせいか、自分の職歴にそれなりにプライドをもっているんだろうね。「いや、でも、前の会社ではこういうやり方をしていたから〜〜」みたいな感じで、教育係の指導やうちの会社のマニュアルのとおりに仕事を進められないんだよ。そういうのが続くと、「なんか、思っていた仕事と違う。オレ・わたしにはこの会社は合わないな」とか、「自分がもっている能力がぜんぜん活かせない」と感じて、すぐに退職しちゃう。

2つめは、ガチの捨て身で入社してきているタイプ。「今まで就職・転職活動でかなり苦労してきたけど、やっと拾ってもらえた」、「自分にはもうあとがないから、とにかくこのチャンスを逃すまい！」、「まっさらな気持ちで、イチからやり直そう」と、素直にいろんなものを受け入れる・吸収する態勢ができている奴だ。こっちのタイプは成長が早いし、結果的に長く働いてくれる傾向にある。とにかく、「ちゃんと仕事を覚えたろ！」っていう積極性があって、やる気があるからまわりのスタッフも仕事の教えがいがあるし、コミュニケーションもスムーズに取れる。意欲と行動が伴っているから、相手からの信頼も得やすいよね。まわりのスタッフからの信頼を得ることって自信にもつながる。まっすぐに取り組むことによってイイ感じの人間関係が築ける↓信頼関係ができる↓自分に自信がもてる↓仕事がうまくいく、と、いろんなことがポジティブに循環する。本人もきっと働くことが楽しくなってくるんだろうなぁ。こういう奴はうちでは正当に評価されて、すぐに昇進もできる。早い奴だと、入社1年ほどで店長代理ぐらいには這い上がれるよ。昇進すれば当然、給料も比例して上がって、幸福感も満たされる。ね？　これって、立派な「リッチな二流」でしょ？

　ちなみに僕自身の話でいうと、僕は会社にいるときこそ役職が社長なわけだけど、新しいことを始めるときは誰に対しても敬語なんだ。相手が僕より若い20歳の人であってもね。だってその人は、僕よりその分野でいろんなことを知っているわけだし。

実際、最近始めたゴルフやサバゲーでは、一人のゴルフ人、サバゲー人として、素直な姿勢で教えてもらってる。僕がそういう態度だから、実際誰も僕が社長だなんて思わないくらい（笑）。でもおかげで、短期間でぐんぐん上達してるよ。

ポイント10　今できることは今やる……スピード感も大切

「この会社でちゃんと仕事を覚えて、まっさらな気持ちでイチから頑張ろ！」っていう素直な気持ちと、同じぐらい大切なポイントがある。それは、ひとつの仕事に取り掛かって、終えるまでの「スピード感」だ。うちの会社でまわりからの信頼を得て上にのし上がっていく社員は、みんなこの「スピード感」をもってる。よく、「5分でできることは先延ばしするべからず」って、ビジネスの格言で見かけるけど、まさにそれ！　やるべきことはすぐに取り掛かれば〆切に遅れるリスクがかなり減るし、〝お、こいつすぐに頼んだことをやってくれるんだな〟と、まわりからの信頼度もアップする。〝もっと別の仕事を任せて大丈夫そうだな〟と、ステップアップにもつながっていくんだ。

　でもさ、「今できることに、今すぐ取り掛かる」って、なかなかできなかったりするんだよね。面倒なことを先延ばしにすることがクセになっている奴もたくさんいる。面倒くせぇなぁ……と思っても、「とりあえず5分だけ」というつもりで、やらなきゃいけないことと向き合ってみるといいよ。嫌だなぁ、やりたくねぇなぁ……と思っていたことでも、不思議なことに、5分続けられればさらにもっとやり続けることができるから。騙されたと思って一度やってみ。人って、「終わらせる時間を決めると、そのタスクを先延ばししなくなる」っていう傾向があるらしい。動画サブスクで全話配信されているドラマとかを、「1話だけ観てみよ」と思って観始めたら、気づいたら5話まで観ちゃってたわ、なんてときあるでしょ？　そういうときの感覚と似てるのかも。これも、最初に〝1話だけね〟って終わりを決めてるから、〝もっと先が観たい〟っていう気持ちになりやすいんだと思う。

　あともうひとつ、面倒なことを先延ばしにしやすいクセがある人にオススメしたいのが、やるべきことを細かく区切ること。例えば、「店を掃除しといて」と頼まれたとする。〝うわぁ、面倒くさいなぁ……〟と思ったら、掃除の段階を自分のなかで区切ってみるんだ。「掃除機をかける」、「モップで床を拭く」、「デスクを水拭きする」、「窓を拭く」、「ゴミ箱の中のゴミを捨てる」……とか。そうすると、実作業が具現化して、終わりが見えやすくなって面倒くさ度数も軽減するよ。すぐに作業に取り掛かりやすくなる。

その出来栄えはさておき、仕事に取り掛かるスピード感で、まわりの人からの信頼を得ることは十分にできる。これも、組織のなかで「リッチな二流」としてやっていくうえで、とても大切なことだ。

急に自分を変えられないなら……一度リセットしてみては？

「リッチな二流」として生きていくために、こういうマインドをもってこんな行動を取ったほうがいいぞ！……と、ここまで語ってきた。〝ほう〜、なるほど〟と思ってもらえていたらうれしいけど、こんなふうに感じる人もいるんじゃないかな。

「このとおりに意識をチェンジしていけば『リッチな二流』として生まれ変われるのかもしれないけど、そんなに簡単に自分を変えられない」

と。自分を変えるのって難しい部分が多々あるし、時間かかるもんね。歳を食っていれば食っているほど、変えづらいところがあると思う。そういう場合は、いったいどうすればいいのか。

一度すべてをリセットするつもりで、環境をガラッと変えてみるのもひとつの手だと思う。だってさ、どういう人間なのかすでにまわりに知られている環境下で、突如自分のマインドを変えるのってけっこうキツくない？　そういう人も絶対いるでしょ。

まったく知り合いがいない土地に引っ越す

これまで携わったことのない業界に転職する

思い切って海外でしばらく生活してみる

などなど、これまで身をおいたことのないところへ飛び出してみなよ。そうすれば自分を開放しやすくなってマインド変更もラクになるし、視野も広がる。なかなか勇気のいることかもしれないけど、人生思い切りが大事なときもある！　もしこれを読んでくれている人が、〝一念発起して、初心からやり直したい。そのために自分を変える必要がある〟という状況下にいるのであれば、ぜひ試してみて。なんなら、うちの会社の門を叩いてくれても構わないよ。一緒にやるべきことは、小学生とか小さい頃に習った超基本的なことだけなんだから。難しいことはひとつもない。でも三流は大人になってもそれができないんだよね。

独特な採用方法＆社風も、成功の手助けになっている

ここまで読んでくれた人は、「なんで過去にやらかした奴とか、経験も知識もない使えなさそうな奴をわざわざ採用するの？」と、疑問に思ったでしょ。フツーの会社だったら、しくじりヤローとはご縁がなかったことにするだろうし、即戦力になるような経歴をもっている人を積極的に採用するよね。少なくとも、年1で転職している

オッサンを進んで採ろうとはしない。じゃあなんでうちは、扱いづらそうな奴だと分かってるのにあえて雇うのか。それは、履歴書で人を判断するのではなく、実際に会って話してみて、その人の人格・人柄、フィーリングを重視して採用するからだ。昔やらかしてたとしても、どんな職に就いていたとしても、過去にやっちゃったことはもうどうしようもない。振り返ってあーだこーだいっても、なんの生産性もないじゃん。大事なのは、そいつがこれからどうしたいと思っているのか。どんな気持ちで仕事に臨もうとしているかだ。そのへんの心意気を聞いて、「こいつとなら、一緒に仕事してみたい」、「まだ伸びしろがありそうだし、なんだかんだ楽しくやっていけそうだな」と思えたら、とりあえず採用！

　まあ、さっき話したみたいに「オレには合わんわ」って、すぐに辞めていっちゃう奴もいるんだけどね。合わないなら合わないでしゃーない。でも、少しでも頑張ろうと思っている奴のチャンスを奪うことはしたくない。

　そもそも僕は、フツーの一般的な社長みたいに、社員のことをいわゆる「社員」として見ていない節がある。「オレの手駒になって働いてくれ～」、「会社の利益のために血眼になって働けや！」みたいな気持ちでは接していない。ここまで言っちゃうようなのはブラック企業の社長だけど。とにかく僕は、自分のところの社員を道具みたいに扱ったことはない。なんていうか、「友達」みたいな感覚に近い。うちの社員からしたら、「いやいやいや……おまえ、けっこう厳しいこと言うじゃん！　友達ではねーだろ（笑）」と総ツッコミされるかもしれないけど、根本的にはそんな感じなんだよね。最近は店舗数が増えて社員数もアルバイト数も創業当初の倍以上になったから、自分で採用面接をする機会はほとんどないんだけど、僕にとって面接って、気の合う友達探しに近いんだよなぁ。〝もっと友達を増やしたいです！〟みたいな（笑）。幹部クラスの社員たちは僕が面接した奴がほとんどなんだけど、全員そういうノリで選んだ。で、実際かなりうまくいってる。

　店舗の店長が、「うちの会社の社風ってどんな感じ？」って社員やアルバイトの子に聞いてみると、「言いたいことは言わせてもらえて、気取らない感じ」とか、「プライベートな時間も確保できて、のびのび仕事ができる感じ」、って意見がよく出てくるんだって。そういう話を聞くと、自分が理想としている会社になれているような気がしてうれしい。僕は「会社はすべての社員のもの」だととらえているから、社員がちゃんと意見を言える風通しのいい環境にしたいし、「オレ、この会社好きだなー」って、充実感・満足感をもって業務に励んでほしいと思ってる。

「気取らない」、「のびのびやれる」社風が、知らぬ間に社員のマインドを変えている、という部分もあるのかもしれない。以前、飲み会で幹部クラスの奴らと話していたときに、「うちは社長がいちばん楽しそうに遊んでるから、そういう空気感が『社風』として下にも伝わるんじゃないですかね？」って言われたことがある。確かに、僕がいちばんいろんな遊びをして楽しんでるかも。「そんな会社、大丈夫かよ……？」って思う人もいるだろうけど、ぜんぜん問題ないよ。もちろん、仕事をするときはきっちりやる。〝オン〟では真摯な姿勢で仕事に取り組んでいるところを見せつつ、〝オフ〟では率先して遊んでいるところを見せる。なんなら、「おまえらももっといろんなことして遊べよ！」って、煽る（笑）。社長がそういう姿をさらけ出すことで、今まで尖って腐ってたような奴らが「もっと人生楽しまなきゃ損！」、「オレ・わたしもこんなスタイルで生きていきたいな」、「社長みたいになれるようにもっと稼ぎたい！」って思ってくれたらイイじゃん。僕みたいなスタンス、つまり「リッチな二流」スタイルで生きていけるだけの報酬と時間の余裕を、僕は頑張ってくれる社員に提供しているつもり。うちは客商売だから、カスタマーサティスファクション（お客様満足度的なやつ）を第一に考えてはいるけど、それと同じぐらい社員の幸福度・満足度も大事に考えている。社員がハッピーに仕事してくれていれば、それは結果的にカスタマーサティスファクションの向上にもつながるから。僕自身がハッピーで社員もハッピーなら、ぜーんぶイイ感じに循環していくってこと！

コミュ力をアップさせる10のポイント

01　挨拶は、いい人間関係を築くためのスタート地点。とりあえず笑顔で、ハキハキ挨拶しよう

02　上達のカギは「同意」と「共感」。雑談力を身につけよう

03　コミュ力アップしたいなら、相手の話をちゃんと聞こう

04　名前を呼ぶと好感度が上がる

05　挨拶や掃除、子どもでもできる当たり前のことをルーティン化しよう。継続することで、人からの信頼は得られる

06　身だしなみと姿勢を正すだけで、いい印象はゲットできる

07　感謝の気持ちは瞬時に、ストレートに言葉で伝えよう。「ありがとう」はいい人間関係を広げるための必須ワード！

08　知らないことを知らないままにしない。調べても分からないなら、積極的にまわりの人を頼ろう

09　素直な気持ちが己を成長させる。イチから出直すなら、ムダなプライトは捨てよう

10　頼まれた仕事は、すぐに手をつける。“今やれることは今できる”人が、信頼される

第4章

難しいスキルは必要なし！
最低限の仕事術だけ押さえれば年収600万はすぐ稼げる！

成功者やデキる人のやり方をマネすることから始めよう

収入面を左右する仕事ができるようになるには、取り組み方も大切だ。誰にでもできる、超～～カンタンなことなので、ぜひ実践してみてほしい。ここで説明することを徹底してやるだけで、うちの会社では年収600万円の地位まで上がれる！

まず第一は、ズバリ、

とりあえずマネをしまくる

ことだ。自分ができる範囲で、成功している人やうまくやっている人のやり方をパクる。それが、仕事ができるようになる一番の近道だ。だって僕も、最初はいろんな人や会社のやり方をマネしまくったもん。一流の人でもそうだと思うよ。よっぽどの天才とかパイオニア気質のある人でない限り、最初は成功者のマネをすることから始める。なんでもかんでも無闇にパクるのはどうかと思うけど、仕事の手順や考え方をマネることはいちから考えるよりも効率的だし、断然最初の動きがラクになる。仕事の質や処理スピードもグッとアップする。まずは基本となることをマスターしてからじゃないと、自分なりのやり方もつくり上げていけないからね。

僕がやっているのは、お客さんから宝石や骨董品を買い取ったり、スマートフォンの修理をしたりする商売なんだけど、約10年前まったく知識のないゼロ地点からスタートした。しかも、横のつながりもまったくなかったから（今もないけど）、アドバイスや成功のヒントをくれる人もいっさいいなかったんだ。当時の僕が何をしていたかっていうと、とにかく業界紙や、同業の大手企業が発信しているものをメチャクチャ読みまくったよ。「発信しているもの」っていうのは、その企業のＳＮＳとかリリースとかね。手当たり次第毎日チェックしまくってた。そこから、〝お、これいいじゃん〟、〝うちの会社でも実践できそうだな〟と思ったことを一つひとつ試してみて、手応えをつかみながら自分なりのやり方をつくり上げていった感じ。

例えばチラシを撒くとするよね。レイアウトやキャッチコピーはとりあえず成功している同業他社のものをマネしてみて、そこからどんな反響があったかをしっかり分析する。それをもとに次は、独自にアレンジしてみて……っていうのを繰り返して試行錯誤を重ねていく。

お客さんが来てくれたときに必ず、何を見てうちの店を知ってくれたかを聞くようにしているんだけど、それを参考に集客手段を考えたりもした。「チラシを見て」というお客さんがある程度増えてきたなと思ったら、今度は「ホームページを見て来ました」っていうお客さんを増やそうと目標を立てる。じゃあ、どうやったらホームページを見てもらえるようになるのか。いろいろ調べていくと、「同業他社は、ＳＥＯ対策（「グーグル」などの検索エンジンで検索をかけたとき、自分の会社のサイトを多く露出させるために行う対策のこと）ってやつを徹底している」ってことが分かる↓さらに調べると、専門の会社に頼んだほうがいいということが分かって年間数百万円かけてＳＥＯ対策をする↓思っていたほどの集客効果が出ず、じゃあ、どうしたらいいかとみんなで考えて、「専門の会社に任せっぱなしにするのではなくて、自分たちでもやれる対策を取ろう」となる↓全店舗のホームページを毎日更新するように徹底してみる↓ホームページを見て来店してくれるお客さんが増えた！　とかね。これは実際のうちの会社の事例なんだけど、とにかく最初は情報収集をしてそれをマネして、トライアルアンドエラーを繰り返していくんだ。

ここで使った例え話は、あくまでも経営者目線でのものだけど、サラリーマンだって同じだよ。新聞や参考になりそうな本を読んだり、仕事のできる先輩のやり方を観察したりして、それをマネする。そこから始めてみ？　別に、本を出しているような〝超一流〟の人のマネをする必要はない。〝へぇ〜〜そんなやり方・考え方もあるんだぁ〜〜〟ぐらいで、参考にする程度でいいと思う。僕だってそうだもん。だって、超一流のマネはできなくね？　結局、客観的に見たら天才の域の人がやってることなんて、凡人にはやれないじゃん。僕がちょっとひねくれているからかもしれないけど、「あなたたちはもともと優秀だから、そんな格言じみたこと言えちゃうし、できちゃうんでしょ?」って思っちゃうんだよね。だからそういうのはひとつの情報として、頭に入れておくぐらいで十分。自分でも実践できそうなところがあれば、パクればいいと思う。

なんか手前味噌っぽくなっちゃうけど、「とりあえずマネをしまくること！」っていうのも含め、僕がいわんとしている仕事術は、どんな凡人でも、なんなら子どもできることばかりだから、実際にトライしてみてほしい。

効率の良さも大事！　ラクしてイイ仕事をするためには？

効率的に、仕事を進めていく……という観点から話をすると、まだまだ押さえておきたいポイントがある。

便利なツールは、どんどん活用していく

というのは忘れちゃいけない。ツールを使って仕事の進め方を効率化できれば、ひとつの仕事にかかる労働時間が減って結果的にラクできるからね。

これは個人の話ではなく、うちの会社自体の話ではあるんだけど、研修資料や業務のマニュアルをすべてアプリ化したことで、人材を育てる効率がグンッと上がった。

数年前までは資料もマニュアル類もすべて紙で、都度都度社員に配布していた。マニュアルなんかは頻繁に内容を更新していたから、変わるたびにまたプリントアウトして配ってってことを繰り返していて、正直ムダに手間ばっかりかかっちゃって大変だっ

た。アプリに一元化するようになってからは、内容を更新してもアプリ上ですぐに全社員と共有できるようになったから、ほんっっとうにラクになった。

個人の話でいくと、

作業効率を確認しながら、仕事していく

っていうのも大事だ。つまり、1日に片付けなければいけない仕事の量や優先順位、タスクごとの所要時間を把握し、作業効率を確認する、ということだ。これを確実に実行したいときに作っておくと便利なのが、「ToDoリスト」ってやつ。イコールやんなきゃいけないことをまとめたリストだ。頭のなかで作るのもアリだけど、紙に書き出したり、スマホのメモ機能などを使って打ち出したりしておいたほうがいい。そのほうがタスクの抜けを防ぎやすいからね。

いくつもの案件のタスクを同時進行しなければいけない場合は、優先順位を決めてから取り組むと、作業効率が上がる。とはいえ、仕事の優先順位って判断に困ることがある。慣れていないと、けっこう難しい。迷ったら、順位付けを考えるうえで、意

識するといいことがある。

１）重要度も、緊急性も高い
２）急ぎってわけではないけど、重要度が高い
３）重要度は低めだけど、急ぎで対応する必要がある
４）重要度が低めで、急ぎってわけでもない

こうやってまとめてみると、１）に該当するものが最優先しなければいけない仕事だと、すぐに分かる。４）は一番後回しにしてＯＫ。２）と３）に関しては、緊急性と重要度と、君がどちらを優先させるかで順位が変わってくる。

やるべきことが明確になり、手をつける仕事の優先順位が明確になったら、いよいよ実際に業務に取り掛かることになる。そのとき押さえておきたいポイントは、この２点だ。

完璧主義にならないようにする

空気を読みすぎないようにする

ハッキリ言おう。効率的に要領よく取り組んで、ラクに成果を出したいのであれば、完璧主義は禁物！　だからといって、テキトーに仕事をこなせと言っているわけじゃない。完璧を目指して仕事に取り組むのはとてもいいことだが、完璧に仕上げることにこだわりすぎて、納期や締め切りに間に合わなかったら元も子もないぞ！　ということが言いたいんだ。仕事って、ある程度のスピード感をもってやるのが大事なときが多い。だから、完璧主義になり過ぎて効率を落とすよりも、ちょっと力を抜いて、そこそこの出来を目指すほうがいい。

〝空気を読みすぎない〟っていうのはつまり、まわりの目や意見に左右され過ぎないようにしようってこと。上司や同僚の視線、評価を気にしすぎると、メッチャ疲れるからさ。ムダに疲弊しちゃう。メンタルもラクにして仕事をしていくなら、あんまり空気を読まないほうがいい。今はそういうの減ってるのかもしれないけど、〝上司が残業してるから帰りづらくて、特にやることもないのに残業してる〟みたいなことがあるじゃん？　こういう空気の読み方、すげぇぇ嫌だし、疲れるわぁ。上司が――

みたいな他人軸でなく、自分軸で考えて仕事に取り組んだほうが断然効率的だし、ムダなストレスを感じずに済むよ。

すぐ実行に移せるカンタンな目標を設定して、徹底的に達成していく

当たり前のことをルーティン化して、それを継続することで信頼が生まれるわけだけど、「月100万円の売上を達成しろ!」みたいな、とてもじゃないけど実現できないデカい目標を立てるよりも、「毎朝元気に挨拶する」、「毎日きれいに掃除をする」とか、まず今できることから始めたほうがいい。そんなふうにすぐに実行できる範囲で、

小さくてもいいから目先の目標を立てて、それをひとつずつ達成していく

っていうのは、VS人だけでなく、仕事への向き合い方、という面でも重要なこと

だ。仕事ってさ、何か目標がないとモチベーションが上がらないし、なんのために働いてるのか分からなくなってきちゃうからね。ここでミソなのが、〝目先の〟目標ということ。人間、明日はどうなるか分からないわけだし、10年後、20年後の目標を掲げたところで、たいして実感が湧かないじゃん。「10年後、オレは億万長者になる！」なんてデッカい目標を立てても漠然とし過ぎてて現実味がまるでないし、達成するために具体的にどうすればいいのかもよく分からない。そんな無謀で意味のない目標を立てるよりも、1年後、2年後の近未来、自分がどうなっていたいかを考えたほうがよっぽど生産的だ。例えば、「今はアルバイトだけど、1年後は社員になりたい」、「必要な資格を取って、1年後には店長代理に昇格したい」とか、そういうのでいいと思うの。そういった短いスパンでの目標なら、今自分がすべきことが明確に見えてくるでしょ？ その、具体的に見えている「今、すべきこと」、「目標を達成するために〝やる！〟と決めたこと」を徹底的にやる。その積み重ねが仕事をしていくうえですごく大事だし、収入アップにもつながっていくんだ。

社員一個人の、小さな目標達成の積み重ねが会社の利益にもつながっていく。会社の売上がアップすれば、それは社員にも還元されるじゃない？　僕は「ウィンウィン」って言葉は胡散くさくてあまり好きじゃないんだけど（「ウィンウィン」の商売をもちかけてくる経営者ってだいたい、自分が儲かることしか考えていない胡散くさい奴だから）、これぞまさに真性「ウィンウィン」の関係だと思うんだよね。例えばさ、まったく流行っていないチェーン展開の靴屋があったとする。店長が積極的にチラシを配って、元気よく「いらっしゃいませ！」って言うとかして、お客さんへの声掛けを徹底するようにしたら、流行っていないなりにも1時間に1足は靴が売れるようになった。そうなると、営業時間が8時間として、1日あたり8足は売ることが可能だよね？　めっちゃ単純計算だけど、１足１万円として、１日の売上が8万円。その靴屋が全国に50店舗展開していて、「１人あたり１日8足売る」っていう目標を立て、それを毎日必ず達成できるようになったら、１日の総売上げは……？　それを３６５日やり続けたら……すごい儲けになっていくでしょ？

さて、この靴屋の例のなかで、１時間に１足靴を売るために、実際に店長が積極的にやったことはなんだった？

チラシ配り
お客さんへの元気な声掛け

たった、この2つだけだ。これは例え話だけど、実際の店舗運営もほとんど同じ。

開業当初、僕が自分で現場に立って接客していたときも、似たような体験をしたことがある。お客さんがなかなか来てくれなくて、どうしたもんかと悩んでいたときに、とにかくスタッフには笑顔で元気に「いらっしゃいませ」と言わせるようにし、お客さんに気持ちよく入店してもらえるように店内をキレイに清掃させるようにした。

たったそれだけで、入店率が上がって滞在時間も増え、売上がアップするようになったんだ。小学生でもできるような超カンタンな、小っちゃい目標を毎日徹底的にクリアしていくだけで、状況は好転して、売上につながっていくんだよ。

考えてみたら、こういう仕事への姿勢ってダイエットにも通ずるものがあるかも。

いきなり「1カ月で20キロ痩せろ！」って言われるよりも、「とりあえず、1カ月で1キロ落とそうか」って言われたほうが、〝お、それなら自分にもできそうだ〟って、モチベーション上がるじゃん？　まあ僕は、食べるの大好きでダイエット苦手だから、1カ月で1キロ痩せることさえもなかなかできないんだけどさ（笑）。

「仕事の覚えが悪い」のは、頭が悪いからじゃない

小さな目標を立てて、それをひとつずつ確実にクリアしていく、これを実行していくなかで、こんな悩みを抱える人もいるんじゃないだろうか。

一生懸命仕事に取り組んでいるのに、なかなか仕事が覚えられない

〝たいした学もないし、頭が悪いから物覚えも悪いんだろうか……？〟そんなふうに落ち込んで、伸び悩んでる諸君！　頭が悪いから仕事が覚えられないんじゃないと思うぞ。仕事の覚え方を知らないから、なかなか成長できないんだ。実際に物覚えの悪い社員を見ていると、こんな特徴がある。

特徴01 メモを取らない

仕事をなかなか覚えない奴は、9割方メモを取ってない。上司や先輩に仕事の手順やうまくやるコツなどを教えてもらっていても、ボーッと聞いているだけ。それなりに仕事に慣れていて下地ができている状態であれば、話を聞いているだけでもなんとか対応できるだろう。でもベースがない状態だと、メモを取らないと忘れやすい。というか、忘れる！　人は見聞きしたことを、20分後には42％、1時間後には56％、24時間後には74％忘れるといわれているぐらい、忘れっぽい生きものだそうだ。仕事を教えてもらうときは、とりあえずメモるクセをつけるだけでも、仕事を覚える早さが変わってくるはずだぞ。

特徴02 反復しない

ただメモを取っただけで、それを見返して反復しない奴も物覚えが悪い。メモを取ったことでもう満足してしまうのか、このパターンはけっこうある。復習して、覚える努力も怠ってはいけない。

特徴03　分からないことをそのまま放置している

知らないことを放置したままにしちゃいけない、これは仕事を覚えるうえでもとても重要。分からないことをひとつずつクリアにしていかなければ、仕事をパーフェクトに覚えることができないんだから。なんとなく分かったふうを装って知ったかぶりをしていると、成長できないぞ。〝今教えてもらったところ、よく意味が分からなかったけど、まあなんとかなるか〟っていうのもダメ。ちゃんと上司や先輩に確認して、理解するようにしよう。特に、できない人、くじける人、諦める人の共通点に「相談しない」ことが挙げられる。全部自分でどうにかしようとするんだ。これって自己満足にすぎなくて、分からないことはとっとと聞く！　相談したら迷惑なんじゃ……とか思うかもしれないけど、先輩にとって後輩の相談なんてたいしたことないから（笑）。これは役職が上がっても同じだよ。優秀な人ほど「相談」をしてるんだ。

特徴04　責任感が薄い

自分が担当している案件にもかかわらず、〝ちゃんとできなくても、最終的には上司がなんとかしてくれるでしょー〟みたいな感じで、責任感が薄い奴は仕事のクオリティが低い。当然、仕事を覚えるのも遅いね。「どうせ誰かが助けてくれる」。そんな甘い考えで仕事してたら、いつまで経っても成長できず、昇格もできないぞ。〝オレ・わたしが最後まで、責任をもってこの仕事を完遂させるんだ〟っていう、気持ちが大事。それが自分の意志で始めたことじゃなくてもさ、仕事なんだから、ちゃんと責任感をもって取り組もう！

責任感がもてるようになれば、仕事の仕方もガラリと変わってくる。知識を吸収することにも積極的になるから、もちろん仕事の覚えも早くなる。あと上司や先輩の話も、より真剣に聞くようになるだろうから、上との絆も深まるぞ。

特徴05　優先順位を判断するのが苦手

仕事には優先順位がある。重要度が高い仕事もあれば、まあ多少手を抜いても大丈夫な仕事もあるもんだ。何も考えずに、ただただ流れ作業のように与えられた仕事をこなしていると、覚える必要がないような、わりとどうでもいい仕事はちゃんと理解しているのに、かなり重要な仕事の手順は覚えてない、みたいな事態になることがある。要領悪いよねー（笑）。覚えるべきことは確実に覚えて、効率的に仕事に取り組んでいくためには、受け持った仕事やそこで求められている自分の役割をちゃんと理解・整理することが大事。そうすれば自ずと、仕事の優先順位を適切に判断できるようになるぞ！

この５つのダメな特徴にしっかりと対処するだけでも、仕事を覚えるスピードはかなり速くなるはずだ。しかし、仕事によっては

短期間で覚えることが多過ぎて、頭がパニックになってる

という人もいるだろう。例えば、メニューが１００種類以上もある居酒屋に就職して、キッチンに配属されたとする。仕込みから調理、味付けに盛り付けなど、ひとつの料理を完成させるのに覚えることが多いうえに、それが１００種類も、と思うと、絶望するよね？　そんな状況になったら、君はどうする？

とりあえずレシピ本の１番目に載っているメニューから順番に全部覚えていこう、

と思った人は、ちょっと要領悪すぎ。順々に地道に覚えていったとしてもなかにはまったくオーダーが入らない不人気のメニューがあるだろうし、そんなものまで今すぐ覚える必要はない。いちばんスマートなやり方は、とりあえず人気のある料理から順に覚えることだ。なんなら最初は、よくオーダーが入る人気ベスト10ぐらいまでの料理を覚えるだけでも、いいだろう。十分即戦力になる。こんなふうに、覚えるべきことに優先順位をつけるのが、要領よく効率的に仕事を覚えるコツだ。

　プラスαとして、余裕が出てきたらで構わないんだけど、自分が働いている業界の知識を取り込んでおくことも、仕事を早く覚えるうえで優位に働く。やっぱさ、業界のことを少しでも多く理解しているほうが、新しい商品の特性や売りポイントを把握するときなんかでも、内容が頭に入ってきやすいからね。業界紙なんか読んでいると意味の分からない専門用語や一般的じゃない言葉がけっこう出てくる。最初のうちはとっつきにくいかもしれないけど、慣れてくればちゃんと頭に入ってくるようになる。本や新聞、ネットを利用したり、先輩にいろいろ質問してみたりして、業界知識を深めておくといいよ。

難しいスキルはなんにもいらない！　とりあえず１００回やればモノになる

とりあえず、仕事がデキる人や成功者のマネをしてみる

効率よく、ラクに仕事を進められる手段を考える

目先の小さな目標を立てて、徹底的に達成していく

仕事の手順を覚えるため、最低限のやるべきことはやる

……と、ここまではマジで、小さい子どもできる超カンタンなことの繰り返しで、仕事ってイイ感じにできるようになっていくんだっていう話をしてきた。次ぐらいはもう少し難易度が上がるのでは？　と期待されたかもしれないが……。次もめちゃくちゃカンタンなことだ。それは、

ひとつのスキルをマスターしたいなら、100回リピートしろ

ってこと。100回は言い過ぎかな？　まあ、50回でもいいや。とりあえず繰り返すことがポイントだ。

うちの店は買取り業務（お客さんが持ってきたものを査定して買い取る）がメインなんだけど、「お客さんとうまく会話のキャッチボールができなくて、スムーズに買い取りまでたどり着けない」っていう悩みを抱えている新入社員がけっこう多い。お客さんの話をしっかり聞いてコミュニケーションを取らないと買い取りまでこぎつけないわけだから、「コミュ力が足りないせいで、ちゃんと仕事ができない……」と悩んでしまう人が多いみたいだ。でも、はっきりいって、コミュ力はそんなに必要ない。「査定士」という役者になりきって対応することが、いちばん大切だと思うんだ。

これは、営業職の基本とまったく同じなんだよね。コミュ力の有無や営業のうまい下手が問われるのは、さらに上の次元での話で、「基本」をマスターする段階ではま

だ必要なし。まずは「役者になりきる」こと。これに尽きる。役者になるっていうことは、〝セリフ〟を覚えなければならないよね？　そのセリフを丸暗記することが、基本を習得する絶対条件となる。うちの会社でいうと、買い取りフローのマニュアルどおりに話すことが、最初はいちばん重要だ。だから、実際のお客さんとのやり取りや、研修の接客ロールプレイが上手にできなくて悩んでる奴には、僕はこう言う。「とりあえずブツブツ、決められたとおりの接客のセリフを１００回繰り返して言ってみな」って。１００回朗読を繰り返せば、セリフは丸暗記できる。最初は感情を込めたり、抑揚をつけなきゃとか、余計なことはいっさい考えなくていいから、セリフを覚えることに徹して何十回も朗読する。10回、20回、30回……と繰り返していくうちに、ある程度はソラでも言えるぐらい暗記できてくる。そうすると余裕が出てくるから、無意識に抑揚がつけられるようになってきて、ナチュラルな話し方で言えるようになってくる。さらに何十回も繰り返すと、今度は「こんなリアクションがあるかもしれないから、そしたらこう言ってみよう」とか、自分なりのアレンジも浮かんでくるようになってきたりもする。ここまでくれば自信もつくし、もう余裕で接客できるようになるだろう。

だいたいのことは100回繰り返せば、マスターできちゃうんだよね。ただ100回声に出して読むだけで接客をマスターできると思えば、めちゃくちゃカンタンでしょ？　先日も新入社員に「接客ロールプレイのテストがあるんですけど、うまくできなくて悩んでいます」と言われて、「とりあえず100回読んでセリフを暗記しなって同じようにアドバイスした。そしたらさ、やっぱり効果てきめんだったみたいで、「本番でもスッと言葉が出てきて、ちゃんとできました！」って喜んでたよ。

その新入社員は僕のアドバイスを素直に聞き入れて、ちゃんと練習したからうまくいったんだと思うけど、「いや〜、そんなことしても意味ないっすよ」みたいな感じで、聞かない社員もなかにはいる。そういう奴はだいたい、「僕には接客向いてないですわ……」って離れていくんだけどさ、「いやいやいや、お前ちゃんと声に出して読んだ？」と。超カンタンなことを繰り返すだけでマスターできる業務なのに、本当にもったいないなと思うよ。

だけどさ、実際問題、この「何十回も繰り返す」「100回繰り返す」って、けっこうできない人がいる。「100回繰り返せばできるようになる」って頭では分かっているのに、それを実行できない人が多い。ダイエットもそうじゃん？「間食を控えれば痩せられる」、「食べる量を減らせば減量できる」って分かってるし、痩せる方法自体は超カンタンなのに、それを実行に移すのも、継続するのも難しい。ダイエットに関しては僕も失敗ばかりだからなんともいえないんだけど（笑）、同じことをリピートするのは億劫だと思っても、とにかく重い腰を上げて実行してみて。やること自体はめちゃくちゃカンタンなんだからさ。繰り返せば繰り返すだけ、自分ができることが見えてくる。それがスキルアップにつながるはずだから！

　１００回繰り返すことができる強い気持ちと、集中力があれば、特別なスキルや強みがなくたって、成果を出すことができるんだ。実際に僕は昔から、その〝超カンタンなことを繰り返せる強い気持ち〟で、いろんなことをマスターしてきたし、成功させてきた。まだサラリーマンをしていた頃、副業というか、半分遊びの感覚でイベントを主催して、よく集客活動をしていた時期がある。だいたいいつも１００人以上は人を集めていたんだけど、どうやって集客していたと思う？　答えは超単純で、当時流行っていたＳＮＳのＤＭ（ダイレクトメール）やＥメールを使って、ただひたすらメールを送りまくってた。ただそれだけ。１０００通お誘いメールを送れば、だいたい１００人は来てくれるもんなんだよね。よく、「よく１００人も人を集められるね！」

とか、「あなたのイベントは人が集まりやすいけど、どんなルートでチケットを売っているんですか？」とか言われていたけど、いやいや、ただ友達や知り合いにメールを送りつけてるだけなんだけど、みたいなね。そうタネ明かしをすると、「1000通もメール送るなんて、よくそんな面倒で大変なことができるね」と言われることがあったけどさ、これも「100回繰り返せばだいたいのことはマスターできる」って話と同じことだと思うんだよね。メールなんてさ、文面を作っちゃえばそれをコピペして送るだけなんで、1通5秒もあれば送信できる。超カンタンな単純作業。30分あれば300通近く送れるわけだから、1000人なんてすぐ送れちゃうじゃん？ それで100人も集客できるなら、めちゃくちゃラクだし、大変なことなんてひとつもないでしょー。なんの才能もなくたってさ、超カンタンなことを繰り返し、地道に、徹底してやれる気持ちがあればいろんなことをマスターできて、マジで〝そこそこ〟に到達できるんだよね。

アウトプットして使えるスキルに育てよう

１００回練習を繰り返してスキルをマスターしたら、今度は実際に現場で〝使えるスキル〟として、さらに育てていく必要がある。そう、よく自己啓発本に書かれている、「インプットできたらアウトプットしていこう」、「仕事がデキる人は圧倒的にアウトプットを大切にしています」みたいなやつだ。

じゃあ習得したスキルをアウトプットするには、どうすればいいのか？　僕の会社では、現場に出て接客することがかなり有効なアウトプットになっている。うちは宝飾品などを買い取る業務が主だから、本当のお客さんを相手に買い取りをするんだ。その様子は常に録画されていて、接客後に買い取り動画を観返す。改善点や良かったところなどを上長と一緒に復習して、次につなげるんだ。

人に教えたり、説明するのも、有効なアウトプットになる。〝もうオレ・わたしが完全に理解したぜ！〟ということでも、いざ人に教えようとするとうまく説明できず、実はしっかりできていなかった、ということが浮き彫りになったりするんだよね。アルバイトなどで、自分は１００パー分かっているつもりの業務だったけど、いざ新しく入ってきた後輩に手順を教えようとしたら、うまく説明できなかった……みたいなこと、あるじゃん？　それと同じ。〝あれぇ……分かってるはずなのに！〟と、ちょっと悔しくなって復習する。それで次に人に教えるときには完璧に説明できるようになる。これって、立派なアウトプットだよね。

人に教えるまではいかずとも、誰かに話すこと自体もアウトプットになる。もちろん守秘義務なんかもあるから気をつけてほしいけど、同僚などに「昨日こんなお客さんが来てさ、こんなふうに対応したら～」みたいな感じで、休憩時間とかに話すの。何かを学んでインプットを強化している最中だとなおさら、この「人に話す」っていうのはイイよ。「今こういう講座を受けていて、昨日はこんなことを教えてもらったんだけど～」みたいな感じで、同僚や友達、家族、恋人、いろんな人に言うの。そうやって話すこと自体が学んだ内容の復習になる。「2週間に3回使った情報は、長期記憶される」っていう、よくいわれているアウトプットの法則があるんだけどさ、それもラクラク達成できるよね。

みんなの置かれている環境・状況によって、アウトプットできる場や方法は変わってくると思う。だけど、せっかくゲットできたスキルを現場で活かせるように進化させるために、アウトプットにも力を入れてくれ！

どうしてもやる気が出ないときは、どうすれば？

〝仕事を覚えるためにはやらなきゃいけない〟、〝やれば、必ず成果が出る〟と分かっていても、なかなかやるべきことに手を出せないってのが人間の性だ。これまでの人生、それがちゃんとできていれば、今頃一流になっていてもおかしくないもんな（笑）。

よく、〝やる気がなかなか起きない〟とか、〝オレのやる気スイッチ、どこいった？〟とか言ってる人がいるけど、僕が聞いた話では、「やる気」っていう概念は脳科学的には存在しないんだってさ。脳研究者の池谷裕二先生の話によると、「やる気」というのは、「やる気のない人間によって創作された方便」なのだとか。人って何か行動を起こすから「やる気」が出てくるものらしいよ。「やる気」ってものに奮い立たされて行動を起こすものではないそうだ。仕事や勉強など、やらなければならないけど面倒くさい……と思うことでも、とりあえず手をつけてしまえばいいらしい。そうすると、面倒なことでもやっているうちに集中してきて、やろうという気になってくるんだって。

　確かに、振り返ってみると、僕の経験上でもそのとおりだったかもしれない。実は僕は、〝やる気が出ないなぁ……〟とかはぜんぜん考えないタイプ。やるべきことは寝かさずに、すぐやっちゃう、なんにも考えないでとりあえずやり始めるの。そうすると、最初は嫌々だったことでもだんだん集中してくる。だから、〝やる気を出すにはどうすればいいんだろう？〟、〝やる気が出ないから明日やろう〟とかグチャグチャ考えるヒマがあったら、やるべきことはとっととやっちゃうのがいちばんいいと思うよ。

〝そうはいっても、なかなか行動に移せないんだよ……〟って場合は、そのタスクを無理やりルーティン化しちゃえばいいよ。例えば、3カ月後に実施される英語の試験で、500点以上獲得しないと昇進できない、という状況に立たされたとする。あまり時間もないから、すぐにでも試験勉強に取り掛かるべきだけど、もともと英語が得意じゃないし、ぜんぜん勉強する気が起きない。それでもとりあえず、毎日デスク上に勉強道具を広げるんだ。形から入るのも大事だからね（笑）。で、1分でも3分でも5分でもいいから、無理やり勉強を始める！　どんなにやる気がしなくても、〝1分だけだし！〟だと思えば始められるでしょ？　それを毎日やり続けていれば、勉強する態勢をつくることをルーティン化できる。もっというと、毎日同じ時間にやることが、成功のカギだ。5分……10分と継続できるようになれば、もうそれなりに勉強するゾーンには入れるよ。

あと、さっき話した池谷先生が、面白いテクニックを紹介してた。何かタスクを始める前に、テニスボールやオレンジなど、丸いものを頭の上に乗っけて目を閉じる。そして、ゆっくりと球体から手を離して30秒数えて目を開けると、スムーズにタスクに取りかかれる状態に脳がなるんだって。これは、強制的に視野を狭めることで集中力を高めるテクニックらしい。〝どうしても無理や……〟ってときにトライしてみたらいいかもね。

指示どおりにしか動けない奴になるな

指示されたことだけをやって、〝オレ、頑張りました！〟、〝仕事、ちゃんとやってます！〟みたいなアピールをしてくる奴は、本当に最悪だ。上司から指示されたことだけをやっていても、それは仕事じゃない。ただの作業だ。「リッチな二流」として仕事をしていくからには、ちゃんと自分の頭で考えて、与えられたタスクに取り組んでいかなきゃダメだ。だがそもそも、どうして指示がないと動けない〝指示待ち人間〟は誕生しちゃうんだろうね？　ちょっと考えてみた。

理由の一つとしては、

何かしようにも何をすればいいか分からない

というのがあるだろう。これは、新入社員や新しい部署に配属されたばかりの場合などはまあ、仕方あるまい。積極的に仕事をする気があっても、〝先輩、忙しそうだから質問したら申し訳ないなぁ……〟とか、気を遣って聞けないパターンもあるよな。個人的には〝そんなに気にしないで、分からないことはどんどん聞いちゃえよ！〟って思っちゃうけど。こういった場合は、解決法は簡単。

仕事の全体像をつかむ

そうすれば、今いったい何をすべきなのか、自分の役割が明確になり、指示を待たずとも自発的に動けるようになる。

〝自分が自分の上司になったつもりでやるべきことを考えてみる〟っていうのもイイかもね。自分の役割を客観的にとらえやすくなるから。

指示待ち人間が生まれてしまうそのほかの理由には、

指示されていないことは、やる必要がない

というのもあるだろう。これはほんっっとに最悪。こういう融通が利かないのは、頭のいい奴にけっこういるんだよな。〝与えられた指示だけを忠実に守ることが最重要任務です！〟みたいなさ。そういう奴は、誰かから指示を与えられることが当然と思っていたり、〝指示されていないことをやる〟っていう発想からして皆無だったりするから、そこからマインドを変えていかなきゃいけない。こういう奴は下手すると、

〝オレに指示を出さないほうが悪い〟ぐらいに思っていることがあるから、厄介だ（笑）。

　これを読んで〝もしかしたらオレ、このタイプかも……？〟と、思い当たる節があったら、なんでもいいからとりあえず、自分にできることを探してみて。最初は無理をしなくてＯＫ。例えば次に使う会議室の掃除をしておく、紙資料を人数分ホッチキスで止めておく……など、そういったちっちゃなことからで構わない。些細なことでもしておけば、〝こいつは指示された以外のこともできるじゃないか〟と、上司やまわりから思ってもらえるはずだ。

　プラスαですべきことが分からないときは、積極的に質問してみるのも有効。例えば、上司に「商材Ａの資料を作っておいてくれ」と頼まれたとする。このタイプの奴は、ただ指示されたとおりに、作業的に資料を作るだけだと思うんだけど、〝どこに向けて作る資料で、その商材のどんな部分をアピールするべきなのか〟が考慮されている資料じゃないと意味がない。まあこの場合、ただ「資料を作っておけ」と言うだけの上司にもちょっと問題があるかもしれんけど（笑）。自分の頭で考えて動ける人間なら、〝どこへ提出する資料ですか？〟、〝この商材のどういった点を強調した資料にすればいいですかね？〟などと、質問するだろう。

あとは、〝人見知りで自分の思っていることをスムーズに言えず、結果的に指示どおりにしか動けない〟、〝プラスαで勝手に動いて、ミスをするのが怖い〟なんて理由で、指示待ち人間になってしまうこともある。ええやん、もう。ミスぐらいしたって。失敗するって、大事なことよ？　もちろん同じミスを何度もするのはダメだけど、失敗して、そこから学んだらいいじゃん。ミスすることを極端に嫌うのって、プライドが高い奴とか自分に自信がない奴に多いよね。犬も食わないようなムダなプライドは、早いうちに捨てなさいな。

いろんな世界を垣間見て、視野を広げて

お客さんとの接し方っていう面でもう少し話を広げていくと、「リッチな二流」へのステップアップ法とも少し通ずる部分が出てくる。「自分のテリトリーの外へ出ることを恐れるな」、「もっといろんなフィールドに出て遊んでおいで！」って僕が言うのは、普段とは違う場所で遊んで、いつもつるんでいる仲間とは違う、別の世界の人

たちと交流をもつと視野が広がって、見える世界が変わってくるからなんだ。その遊びの経験って、接客をはじめとする、仕事上での人との接し方でもかなり活きてくる。要は、「基本」をマスターしたあと、さらに上へステップアップできるスキルを身につけやすくなるってことだ。さっき、「コミュ力の有無が問われるのは、『基本』を習得したあとの、さらに上の次元での話」だと言ったけど、その「上の次元」にいけるカギが、「遊ぶ」ことにある。

〝コミュニケーション能力が高いなぁ〟、〝物事を分かりやすく話すのが上手だなぁ〟と感じる人をイメージしてみてほしい。そういう人たちってどういう特徴をもっているか。そう、例え話が上手なんだよね。１対１で話していて、何かを分かりやすく説明したいときに、相手がスポーツ好きだったら野球やサッカーで例えると、断然伝わりやすくなるでしょ？　だけどそこへ、スポーツにまったく興味のない人が入ってきたらどうだろう。３人で共有できるような、もっと分かりやすい例えに変更する必要がある。それが3人から10人、50人、１００人……と、説明しないとならない人数が増えていった場合、さらに分かりやすい例え話に変えていかないとダメだ。さすがに１００人もの人の前で何かを説明する機会はそんなに多くはないだろうけど、ＶＳお客さんで考えても、人は十人十色。例え話だけじゃなく、話のネタの引き出しは、多ければ多いほどいい。人と会話をして関係性を深めていくうえで、いろんなことを知っておくとトクになることはかなり多い。初対面の人と話していて、一部の人しか知らないような、めちゃくちゃニッチな話をして共感を得られると、一気に相手との距離が縮まるって経験をしたことない？　例えば、飲み屋でセブ島出身の女の子と知り合って話をしていて、

「こないだセブ島を旅行したとき、モアルボアルに連れて行ってもらったんだけど、あそこのビーチはめちゃくちゃキレイだね！」

「え、そんな地元の人しか行かないようなビーチで遊んだの!?　ウケる～！　モアルボアルの○○ってお店は知ってる？」

「行った行った！　料理もおいしかったし、あそこの店長、めちゃくちゃイイ人だったわ～」

　みたいな感じで、トークが盛り上がることあるじゃん？　仕事でも同じで、ニッチな話題を共有できると、相手との距離がグッと縮まる。

　そんな、話のネタになりうる引き出しをたくさんもつためにはどうすればいいか。

いちばん手っ取り早いのが、いろんなところで遊んで、いろんなジャンルに携わっている人と話してみて、たくさんの経験・体験をすることだ。いつも同じところで過ごして、決まった人たちとしか交流をしていなかったら何も広がらないよ。だから僕は自分のところの社員たちに、「もっと遊んでこい!」ってしつこく言うの。けど、遊び慣れていないと、ただ「遊べよ!」って言われてもどうしていいか分からないんだよね。うちの新入社員を見ていてもそう。特に、ずっと地元から出たことがないような地方暮らしのコはその傾向が強いね。遊び方を知らない。うちの社員なら僕が率先していろんなところに連れ出して、いろんな遊び方を教えてあげられるんだけど、これを読んでくれているみんなに対してはそういうわけにもいかないもんなぁ……。よし、じゃあ、どんな田舎に住んでいても気分転換になって視野が広がりそうな遊びを教えよう!

その1　イメチェンしてみる

ド定番だけど、髪型を大胆に変えてみる、やったことない色に髪をカラーリングしてみる、メガネからコンタクトにしてみる、女子ならメイクを変えてみる、香水をつけてみる、などなど、外見を変えてみよう。なんとなく香水に手を出してみたらハマって、いろいろ調べて買い集めるようになったとか、イメチェンがきっかけでハマるものができて、〝遊び〟につながるかもしれないぞ。ちなみに僕の会社では、美容院やネイルサロン、まつエクなどの美容手当ても毎月出しているんだ。

その2　旅に出る（ドライブでもOK！）

行きたいところへ行って非日常的な空間で遊びまくれば、必ず新しい発見につながる！　人との出会いもそうだし、〝へぇ〜、自分ってこんな一面もあったんだぁ〟みたいな気づきを得られることもある。いろんな意味で、世界が広がるはずだ。

その3　スポーツ観戦やライブ鑑賞など、〝生〟で体感してみる

このご時世だから、なかなか難しいかもしれないけど、いつもテレビの画面上で観ていたものを、生で観てみるとまた違った感じ方ができるはず。〝駅伝なんてぜんっぜん興味なかったけど、生で観てみたら感動してファンになってしまった〟みたいな感じで、興味の幅が広がることもある。僕の会社は、スポーツチームのスポンサーを

務めていて、社員は無料でスポーツ観戦にも行ける。特に地方の地元のチームなどを応援できるので、今までスポーツに興味のなかった社員も一体となって楽しんでいるよ。

その4　料理や酒にこだわってみる

食べたり飲んだりすることが嫌いな人は滅多にいないだろうから、これがいちばん手を出しやすい遊びかも!?　例えばハンバーグが大好きだったら、究極にうまいハンバーグが食べられる店を探して、実際に行ってみる。それだけでもイイ感じの「遊び」だ。自分で作るのもいいよね。食材や調味料、調理器具にひと味こだわって手作りに挑戦してみるのも、楽しそうだ。お酒なら、いつもは500円ぐらいの安いワインを飲んでいるけど、原産地やぶどうの種類を少し調べて、ちょっとこだわった高めなワインを買ってみるとかさ。うん、食は一生飽きることなく、幅広く遊べそうだ！　実際僕も、おいしいお店を開拓するのが大好き。

その5　SNS断ちをするor退会しちゃう

〝遊び〟とはちょっと違うかもしれないけど、補足的に。これはね、意外といいよ。

ここ数年「デジタルデトックス（一定の期間スマホやパソコンなどのデジタルデバイスとの距離を置くこと）」が流行ってるけど、スマホを持たないとか、SNSをいっさい見ない時間をつくるだけで、かなりメンタルがリフレッシュする。特に、Twitter や Instagram、Facebook、LINEなどを無意識に開いちゃうようなSNSに依存しがちな人には、本当に効果があると思うよ。わけの分からん承認欲求やマウンティングからも解放されて、〝なんでこんなくだらないものに縛られてたんだろう……〟と、SNSを退会したくなっちゃうかもよ？

そもそも、「遊ぶこと」が嫌いな人っていないよね。なんでもいいからとりあえず遊んで、非日常的な体験をしてみてほしい。たとえ〝めっちゃムダな時間過ごしちゃったわぁ……〟とそのとき思ったとしても、のちのちどこかで、必ずネタとして活きてくることがあるから。遊んでムダになることなんてひとつもないよ！

それというのも、好きなことをしてるうちに、たまたま仕事に結び付いちゃったりすることってあるの。僕にも似たエピソードがあるんだ。

今ではネットでの知り合いと集まるのって普通だと思うけど、10年とか15年前にも似たようなＳＮＳはあって、そこで出会った人たちが実際に会うって、かなり衝撃的だったんだよね。どっちかっていうと世間の風当たりも強かった。だけど、何も知らないのに批判は良くないなーと思って、ものは試しに30人くらいのオフ会ってやつに参加したことがあったんだ。そしたらびっくり！　めっちゃ綺麗なギャルとか普通にイケてるイケメンとかざらにいて、〝なんだこの世界！〟ってなったのを覚えてる(笑)。僕は知り合いもいないからひとり寂しく端っこのほうで飲んでたわけなんだけど、そういう僕みたいな人間も楽しめる飲み会をつくってやる！って本気モードになっちゃったんだよね。

それからは自分でイベントを企画するようになった。上京したてで友達がいないとか、シフトで友達との休みが合わないとか、実はそんな人がたくさんいて、〝オレ・わたしって残念だよね〟みたいな感じで参加してくる人が増え、多いときは３００人くらい集まるようになったんだ。

ここから運営とは何かってのを勉強した。そんでこの話にはまだ先があって、今の会社を設立したときにも店舗立ち上げで、人手が足りず困っているときに、当時知り合った仲間がたまたま転職を考えているって話でうちに入社してくれた。今では現場のトップとして頑張ってるんだ。

　つまり飲み会やイベントを企画してたときは将来のことなんてまったく考えないで、そのときめいっぱい楽しんだだけだったんだけど、のちのち一緒に仕事する仲間に出会えたってこと。

　どんな遊びが、どんな仲間が、このあとの君たちの人生に関わってくるかなんてまだまだ分からないよ。だから尻込みせずに思いっきり遊んでほしい！

現状に満足しないで、もっと欲を出してこう！

「もっと外に出なよ！」、「遊んでおいでよ！」と僕がしつこく言ったところで、「そんなこと言われても実際どうしたらいいのかよく分からないし、今の生活でも十分満足できてるんで大丈夫です……」と、思う人も少なくないだろう。特に、生まれたときから一度も地元を出たことがない地方暮らしの人に、そういう傾向が強い印象だ（ちょっと偏見かもしれないけど）。でも、そう感じちゃう気持ちも分からなくはないんだ。地方で、しかも実家で暮らしているとそんなに稼ぎがなくてもちゃんと生活できるから、現状に満足しちゃうんだよね。外の世界を知らないから余計に、「もっと稼ぎたい！」みたいな野心はもちづらくなるだろう。自分が地方出身者で、地元で就職してたら、と妄想してみても容易にその心情をイメージできる。正直、地方でなんとなく毎日を過ごしていたら、年収1000万円稼ぐ意味合いなんて見えてこないだろう。〝とりあえず生活ができればいいし、1000万も稼ぐ必要ないわぁ〟と思うのがフツーだ。

だけど、「リッチな二流」になって、もっと満ち足りた人生を送るために仕事をするのであれば、まずその考えから変えていきたいところだ！

僕は、仕事をしてお金を稼ぐことで、こんなにも心や生活が豊かになるんだ！ってことをもっとみんなに知ってもらいたい。そのほうが絶対に人生がディープになるし、楽しくなるから。〝なんとなく生活はできているし、変化がないほうが居心地がいいから、このままでいいやぁ〟と、温室にぬくぬくととどまり続けることを止めてほしい。一度地元を飛び出して、広い世界でものを見ることの面白さを知って、もっともっと〝欲〟をもってほしいんだ。例えば、いつもは行かないような都会のハイレベルなレストランに行くとか、そういうちょっとした非日常を味わうだけでもいいと思う。

〝うっわ、この料理めちゃくちゃうまい！　こんなリッチでおいしいものが毎月食べられるようになりたいなぁ〟↓〝よし、もっと仕事を頑張って稼ごう！〟というような、最初はこれぐらいドシンプルな〝欲〟でも十分だ。そういう楽しみをきっかけにして〝自分が知る世界〟を広げていくと、〝もっとお金を稼ぎたい！〟、〝稼がなきゃいけない！〟というマインドに、徐々に頭がシフトチェンジしていく。そうすれば、〝働く〟という行為をナチュラルに〝お金を稼ぐための手段〟もっというと、〝人生を豊かにするための手段〟としてとらえられるようになり、仕事もプライベートも充実させられる「リッチな二流」になれる。

　とりあえずはじめは、自分自身のためだけで構わない。たくさん遊んで楽しいこと知って、〝お金を稼ぐ〟ことにもっと貪欲になろう！

私利私欲では限界がくる…… 本当の意味で「稼ぐ」ための極意とは？

〝もっとお金を稼ぎたい！〟というマインドを強化し、サラリーマンとしての働くモチベーションを上げていく段階では、「ベンツに乗りたいから、年収600万稼げるように頑張るぞ！」とか、自分の〝欲〟のためだけに目標設定するのは大いに構わない。しかし、君がある程度昇進して部下をもつようになったり、ひとつの店舗を任される店長になったり、いわゆる〝管理する側〟の立場になった場合は、私利私欲だけで〝自分が儲かれば、ほかはどうでもいいや！〟という考えではダメだ。すぐに限界がやってくる。

僕もさ、20代の頃はそうだった。やっぱり己の欲のために、〝自分さえ儲かればいい！〟って感じで働いてたんだよね。最初はみんなそんなもんだと思う。僕の場合は、自分で起業してからだったなぁ、やっぱり「お客さまファースト」を第一に考えなければいけないと気づいたのは。結局のところ、お客さんが儲かってイイ思いをしてくれないと、自分のところには還元されてこない。いつまでも「自分ファースト」で儲けようとすると、会社って長く続かないの。

サラリーマンだって同じだと思う。うちの管理職クラスの連中を見ていてもそうなんだけど、部下をもち始めると、「あ、これ、部下がちゃんと仕事をして稼いでくれないと、上司のオレ・わたしも儲からないな……」ってことに気づくみたい。一緒に仕事をしている部下がしっかり成長してくれないと、上についている自分の評価も上がらねんだなぁ～って。そこに気づくことができると、自分の欲だけのために仕事をしなくなる。

仕事はハッピーに生きるための、お金を稼ぐ〝手段〟だからさ、すごく俯瞰的に考えると、〝会社のために働く〟っていう面もあると思うんだ。うーん……ちょっとニュアンスが違うな。〝自分がちゃんとお金を稼げるように、会社もいい状態であってほしい。だから自分も、コンディションのいい状態で会社のために働く〟……って言い方のほうが正しい。

僕はよく幹部クラスや管理職の社員に、こんなふうに言う。

「申し訳ないんだけど、僕は自分と自分の家族がいちばん大事。自分たちが裕福でハッピーでいるために仕事してるんだよ」

って。社長にこんなこと言われたら、ちょっとギョッとするでしょ？　でも僕は続ける。

「おまえらが会社を辞めようが辞めまいが、はっきりいって僕の人生にはそんなに大きな影響がないからどうでもいい。でもな、僕が十分に儲けるためには、おまえらが儲からないとダメなの。還元されてこないから。だから僕は、おまえらにも豊かになってほしいし、お金を稼ぐモチベーションを上げてほしいから、対価に見合った給与と休みはしっかりと補償するよ」

と。これはハッキリ言う。なんでこんなにダイレクトに言うかっていうと、サラリーマン時代、しょっちゅう上司にキレイごとをほざかれて、ほんとにムカついたから。成果を上げろみたいな話になると決まって、「オレはお前のためを思って言ってやってるんだぞ」「おまえのためにやってあげてるんだぞ」的な、恩着せがましいキレイごとを言われて、いつも虫唾が走ってた。〝それ絶対ウソだろ!?〟って。〝結局おまえ、自分の評価のために言ってるんだから、ハッキリそう言えばいいじゃん!〟って思ってた。だから僕は、自分の会社の社員たちにはちゃんと、ダイレクトに言うようにしてるんだ。

変化に対応できる頭の柔らかさも、時には大切

「リッチな二流」から、もうあと一歩、上を目指したい人には、さらに必要なことがある。それは、

先入観で頭をガチガチにして、頭でっかちにならない

ということ。仕事でもプライベートでもそうだけど、自分がおかれている状況って、

常に一緒ではない。刻一刻と変化していく部分があれば、その都度柔軟に対応していかなければ、置いてけぼりになってしまう。

例えば、10年前は年商1億円だった会社が、現在は10億円に成長していたとする。ここまで年商の規模が変わると、同じ会社とはいえ中身はほぼ別の会社になっているといっても過言ではなく、10年前のやり方が通用しない！ っていう場面がいろんなところで出てくると思う。ここで問題だ。そういう状況になった場合、稼げる「リッチな二流」はどんなふうに仕事を進めていくか？ 答えは、「二流」の特徴にある。「二流は、自分が〝一流ではない＝決して優秀な人間ではない〟という現実を直視する素直さと、謙虚さを持ち合わせている」ことだ。そういうマインドをもっている人間は、さまざまな変化を素直に受け入れて、対応できるように努める態勢ができている。だから、〝今までのやり方が通用しないなら、こんな手段でアプローチしてみるのはどうか？〟、〝新たな技術を取り入れてみてはどうか？〟というように、柔軟に頭をはたらかせて、変化に合ったやり方を模索し、〝今〟にすぐ対応していける。

わざわざいうまでもないが、二流になりきれていない人や三流になると、固定観念や先入観が邪魔をして、変化に対応しづらい傾向にある。〝10年前はこれでできてたんだから、とりあえず同じやり方でやっていこう〟とか、〝そんな新しいものを取り入れたところで、たぶん意味ないっすよ〜〟みたいな、後ろ向きな言葉ばかり吐くことは、目に見えてるわ（笑）。

すぐに変化に対応できる頭の柔らかさ。これも、やり手の「リッチな二流」には欠かせないものなので、頭の片隅にとどめておいてほしい。

休むときは徹底的に休め！　１００％休め！

「リッチな二流」として人生をエンジョイするために働くなかで、最後にちばん大事なことを教えよう。それは、休むときは思いっきり、全力で休むことだ。プライベートも１２０％充実していてこそ、良質な「リッチな二流」になれるんだからね。なんなら、しっかりと休むために「休む」という行為自体をタスク化してもいいんじゃないか？と思ってるぐらい。

なんか日本人を見てるとさ、いまだに〝休むことは悪だ〟みたいな風潮があるじゃん？　会社によっては、有給を取ろうものなら嫌味を言われたり、みんなに謝らなきゃいけなかったり。そういうの、絶対おかしいでしょー。社会がそういう感じだから、みんな休むことに対して罪悪感を抱きがちになっちゃうんだよね。「休む」、「休養を取る」ことって、かなり優先度の高いタスクだと思うんだけどなぁ。だって休まないと働けないじゃん。

うちの会社は、そういう空気にならないように気をつけてる。休みたいときにちゃんと休めるように、有給を取りやすくしているし、コミュニケーションツールにも気を遣ってるよ。各店舗でＬＩＮＥのグループがあったりするんだけどさ、休みの日でもほかの社員のやりとりの通知が来るじゃない？　あれって、休んでる側からしたらけっこうプレッシャーになるんだよね。休みなのに休んでる気がしないっていうか。だから弊社は、社内や店舗内でのメッセージのやりとりは独自のアプリを使って行うことにしてる。それを使うことで、メッセージアプリからのプレッシャーを避けられるように工夫をしてるんだ。

そんな感じで、うちの社員のみんなには、休みの日はガチでしっかり休んでほしい。っていうか、そもそも「休日」ってなんなんだろう。人によって細かな概念は変わるのかもしれないけど、個人的には、〝今日はいっさい、何にもしません！〟とか、〝自分のやりたいこと、好きなことしかしません！〟っていうのが、「休日」だと思ってる。知り合いとの付き合いで飲み会に参加しなきゃいけない、部屋の掃除をしなきゃいけない、食材の買い出しに行かなきゃいけない……みたいな、タスク的なイベントや家事が発生している日は、カレンダー上休日であっても本当の休日じゃないでしょー。日々の仕事時間を充実させるためにも、本当の意味での「休日」を月に数回は取りたいし、社員のみんなにも取ってほしい。

稼げる「リッチな二流」になるために、押さえておきたい仕事術

- ゼロからスタートするのではなく、成功者やデキる人のマネをする
- 効率の良さも大事！　ラクしてイイ仕事をしよう
- 小さなものでもいいのですぐに手をつけられる目先の目標を立て、それを徹底的に達成していく
- 「仕事の覚えが悪い」のは、最低限のすべきことができていないから
- スキルをちゃんとマスターしたいなら、とりあえず100回繰り返す
- スキルを獲得したら、どんどんアウトプットして“使えるスキル”にせよ
- 「やる気」とは虚構！　ダメなやつが創り出した方便だ
- 指示どおりにしか動けないのは×！　自分の頭で考えて動け
- とにかく楽しいことをして遊び、いろんな体験を重ねて視野を広げる
- 現在おかれている境遇に満足せず、もっと欲を出す
- 相手も稼げてイイ思いができていないと、それは自分にも還元されないということ忘れないで
- 変化に即時対応できる頭の柔らかさをもつ
- 休みの日は中途半端に休まず、100％休む

第5章

心構え、コミュ力、仕事術で、田舎の三流からリッチな二流に大逆転した人々

「リッチな二流」になるための心構えや仕事への取り組み方については、もう十二分に理解してくれたことと思う。うちの会社では実際に、どん底から「リッチな二流」への大逆転エピソードを展開した社員がいるんだ。ここに挙げる例はほんの一部だけど、これから「リッチな二流」を目指す皆さんは、彼らから勇気をもらえるはずだ。中にはけっこうヤバい社員が混じっているけど、こんな感じの奴がけっこういる。大丈夫だ！（笑）

「リッチな二流」は誰でもなれる！　歳も性別も関係ないし、難しいスキルや学歴も不要だ。年収６００万円で心も体もそこそこに満たされる生活を送りたいなら、ぜひ彼らを参考にしてみてくれ！

一流を諦めた先にあった幸せ
——飲酒運転で免停……からのマネージャー昇進

〈プロフィール〉

Tさん（35歳）　入社5年目　現役職：マネージャー　現在の年収：700万円

Tは、うちの会社の立ち上げ期から一緒に働いてくれていて、すごく頼りになる存在。現在は3エリアを統括するマネージャーだ。そんな彼だが、けっこうイタい黒歴史をもっている。

うちに入社する前は、運送会社の営業職でバリバリ働いていたんだが、〝運転手が資本！〟みたいな職種・職業なのに、飲酒運転で免停（運転免許証の停止）をくらってしまったんだ。飲酒運転で免停になると、90日間は免許が停止状態になってしまい、車の運転ができない。彼の場合は車がないと仕事にならない。飲酒運転という最低な違法行為を犯し、免停となって周囲に多大な迷惑をかけた挙げ句、7年間携わった職をあっさり失うことになってしまったんだ。「うわぁ……かわいそう」って感じだけど、完全に自業自得。言い訳の余地はない。

7年間頑張ってきて、管理職もやっていたという誇りがあるので、Tはその今まで培ってきた経験と能力を活かせる場所で再出発したいと考えた。だけどやっぱり、「飲酒運転」、「免停」、「クビ」という黒歴史がつきまとい、なかなか就職活動がうまくいかなかったそうだ。ウワサも広まりやすいしね。就活が難航するなか、たまたま見つけたのが、まだかなり小規模展開だったうちの会社の求人だ。ほかの企業と同じように、面接で過去を話したら落とされるんだろうなぁ……と、期待はしていなかったみたいだが、うちは過去の経歴やキズにはかなり寛容な会社。確かに、Tの履歴書を読んで「こいつ、最悪だな」と思ったけど、彼の、「自分のこれまでの経験を活かして、この会社をもっと大きくしたい」という言葉を聞いて、「こいつならイイ仲間になってくれそうだ！」と思って一発採用した。僕は、「人格・人柄を見て採用の是非を決める」というポリシーをもっているから、なんの違和感もなく採用したわけだけど、本人は逆に驚いたみたい。「ほんとにいいんですか……!?」って。

そんなんだから、T自身は「こんなオレを拾ってくれた会社や……！（泣）」みたいな恩を感じてるようで、その気持ちを今でも僕にぶつけてくる。

「僕も社長と一緒に、もっともっと会社を大きくしていきたいです！」

って。僕からしたら、そんな恩を感じてもらうほどのことじゃないんだけどね。僕の採用活動って、「仲良くなれそうな友だちを探してる」ような感覚に近いからさ。だけどT曰く、同じような感情を抱いている社員がけっこう少なくないらしい。「こんなオレを採用してくれた会社だから、一緒に頑張っていきたい！」みたいな。そう思ってもらえるのはうれしいけど、仕事は生きる手段でしかないぞってことは忘れないでほしい。僕の〝仲間〟には、自分がハッピーになるために働いてほしいからね。そうすれば、自ずと会社の利益にもなる。

Tは宣言どおり、今も会社を大きくするために僕と一緒に頑張ってくれてる。3年という短い期間で1億円企業から10億円企業に成長したわけだけど、その影には間違いなくTの尽力があったと思ってるよ。Tはよく、

「この会社にいると、常に夢をもたせてもらえる」

と言ってる。彼が入社した当時はまだ全国に3店舗しかなかったんだけど、「いずれは10、20店舗に増やして、もっともっと会社を大きくしていこうぜ！」ってよく飲みの席で話しててさ。それが夢物語じゃなくなって、あれよあれよと現実化していく

ところをTはリアルに目の当たりにしているから、そんな言葉が出てくるんだろうなと思う。これから先、もっともっと夢が実現できるように、社員のみんなに夢を見させられるように、僕自身もさらに精進していかなきゃなと思う。

引きこもりの三流が、ちょっとの頑張りで二流に上がれた！
——医者家系で落ちこぼれの超絶コミュ障少年

〈プロフィール〉

Aさん（24歳）　入社2年目　現役職：チーフ　現在の年収：360万円

正直Aは、うちの会社史上、最悪な社員だったというか、いちばん手を焼かされた印象がある（笑）。とにかくガチでヤバいやつだ。家柄はものすごく良くて、親兄弟親戚、A以外は全員医者か、医療従事者。彼だけが凡人、もっというと引きこもりのニートで、学生時代は学校にもほとんど行っていなかったそうだ。ここまで語るだけでも、生い立ちがかなりブルーでしょ？　本人も自分の境遇を改めて思い起こすとブルーになって、情緒不安定になるほどだ。

そういう自分のコアみたいな部分は蓋をしておきたいのか、普段はとにかく自虐的で、自己防衛本能が過剰。入りたての頃は「グッチ」と「コーチ」の見分けがつかなかったんだけど、それをなぜか自虐的に自慢してたよ。「ぜんぜん違いが分からないの、オレ、ヤバくないですか⁉（笑）」みたいな感じで。あと、自分に非があったとしても、絶対にそれを認めようとせず、人のせいにしようとする。誰が見てもAが悪いと分かることでも、目の色を変えて興奮しながら、「自分は絶対に悪くない！」と言い張る。入社間もない頃に、iPhoneの修理をしていて、一度バッテリーから火を噴かせたことがあるの。そのとき、その場にはAしかおらず、誰の目から見てもAのミスだと明らかなのに、「ゴミ箱から出火したんだ！」と言い張り、うちがテナントで入っているショッピングモール側のせいにしようとしたことがあった。メンタル、ヤバすぎでしょ？

そんなAが変わり始めたのは、入社1年めのとき。日々の「挨拶」や「清掃」など、基本的なルーティンワークがしっかりとできるようになってきてからだ。何度も何度も根気強く、口酸っぱく言い続けて、店長が徹底的にやらせてた。

「当たり前のことをやる。その積み重ねが、のちのちまわりの人から信頼を得るきっかけになるんだよ」

と、毎日言い聞かせて、厳しくやらせていたらしい。とても小さなことだけど、当たり前のルーティンをやり続けることでほかのスタッフからの信頼感を感じるようになり、それがAの自信になったんだろうな。きっと、これまでの人生で、他人に信頼されたり、信用してもらえたりするような経験が一度もなかったんだと思う。そんな奴が初めて他人から信頼を勝ち取ることができて、「こんな自分だって、やればできるんだ！」、「次はもっとこんなことができるかもしれない！」みたいな、謙虚な気持ちで仕事に打ち込めるきっかけができたんじゃないかな。

それ以後は仕事面でも急成長を遂げている。まったくなっちゃいなかった接客や買い取り業務も、復習とロールプレイングを繰り返してうまくできるようになった。自分の接客の様子を動画撮影して、いかに自分のトークがおかしいかを確認↓修正していくってことを、Aは一生懸命やっていたよ。以前の自虐的な彼なら、そんな努力ができるなんて考えられなかった。彼を見ていて、「人に信頼され、認められる」という経験がいかに人生において大切か、ということを痛感したよ。

東京の本社でたまたま会ったとき、どうしてそこまで成長できたか尋ねると、僕が彼に入社間もないころに言った、「とにかく1年頑張ってみろ」が効いたって話してくれた。それだけは守ろうとしたんだって。本当は僕は一度、〝もしかしたらこいつはダメかもしれない〟と思ったことがあって、そんな自分が本当に恥ずかしく感じた。改めて人の可能性ってのは計り知れないと思ったね。

現在Aは、元いた店舗を出て、新しくオープンしたお店の店長として頑張ってる。1年頑張れば、どんなひどい奴でもお店を回せるようになる。人は変われるってことを見事に示してくれたのがAだなぁ。もちろんまだ完璧じゃない。でも伸びしろはたくさんありそうだから、これからもAの飛躍に期待しているよ。

どこにでもいるフリーターが社内の憧れのアイドル的存在に！
——転勤アラサーガールの躍進劇

〈プロフィール〉

Kさん（30歳）　入社2年目　現役職：店長代理　現在の年収：450万円

次は、女性社員のエピソードだ。女性社員は現在20人ほどいるんだけど、Kは入社2年目の店長代理にして、新人女子の憧れの存在だ。現在は新しくできる店舗の立ち上げメンバーに選ばれて、幹部級クラスが出る会議にも堂々と出席してる。彼女はうちのなかでは〝アイドル〟ってだけでなく、ちょっとしたパイオニア的存在でもあるんだ。

社内ではかなり有名なKだが、前職は飲食店でのアルバイト。高校卒業後、ずっと飲食店でアルバイトをしていたらしい。それを聞いて、「何か夢があって、それを実現するためのバイトだったのかな？」と思ったんだが、そうではない。真逆だった。

将来の夢ややりたいことが見つからずに、なんとなくずっとフリーター生活を続けていたっていうんだ。アラサーになって、〝このままバイト暮らしじゃまずいな……〟と思い始め、どこかの会社で正社員になる道を模索し始めたらしい。最初は〝慣れ親しんだ飲食業界で正社員になろうか〟と考えたらしいが、あまり明るい未来を想像できなかったので、ほかの業界で職探しをしていたそうだ。そんなときにうちの求人を見て、〝未経験者でも大丈夫みたいだし、接客も好きだからやってみようかな〟と思い、応募。めでたく入社に至ったということだ。

独身とはいえ女性なので、「うちはほとんどの店舗が地方にあるので、基本的には地方での勤務になる。当然、地元の店舗に配属されるとは限らないけど、それでも大丈夫？」と、念のため採用面接で確認してみたところ、「ぜんぜんＯＫです！」とのこと。Ｋは、地元とは別の場所の店舗に配属されることになった。

接客業を長くやっていただけのことがあって、Ｋはみんなのお手本にしたくなるような物腰の柔らかさをもっていて、コミュ力もめちゃくちゃ高い！　おまけに、スラッとしていて容姿も映えるので、最近は採用ページなどに、広告塔的に出演してもらっていたりもする。採用ビデオにも、実際の社員のモデルとして出てもらっているほどだ。そのせいか最近、特に女性の新入社員の間で、憧れの的となっている。彼女は仕事もできるから、「Kさんみたいになりたいです!」って言う女子が増えてるんだ。新人のなかには、Kに会ったこともないのに「憧れの存在です!」と宣言している子もいるから、スゴいカリスマ力だよね。K自身はその反響に驚いているみたいだけど、悪い気はしていないはず。ただ、アルバイト経験は長くても企業での社員経験はかなり浅いから、そこにジレンマを感じているようだ。「自分には実力がない」、「憧れですと言われることがあっても、スキルはぜんぜん追いついていない」という思いが強いから、今、ものすごく勉強してスキルアップを図っているよ。自分の現状をしっかり受け入れて、それに伴った行動ができる、これも「リッチな二流」にのし上がっていくためには大事なことだ。

さきほど「Kはパイオニア的存在でもある」と言ったけど、これは「転勤にポジティブなイメージを植えつけてくれた先駆者」という意味でそう表現した。今度、新潟に新しい店舗ができることになって、Kをチーフから店長代理に昇格させて、立ち上げメンバーとして転勤してもらいたいなと思ったんだ。とはいえちょっと心配で、「行ってくれる？」と恐る恐る相談してみたら、ふたつ返事で「行きます！」と快諾してくれた。採用面接の際に「どこにでも行きます！」と本人は言っていたけど、あれって嘘偽りなかったんだ!?みたいな感じで、けっこう感動したよ。なんとなく「転勤」ってマイナスなイメージがついて回るけど、この一件のおかげで、女性社員を中心にして転勤のイメージが良くなった感触がある。それだけじゃなくて、「転勤すれば昇格しやすい！」みたいな、社員のモチベーションになるような前例も、Kがつくってくれた。非常にありがたい存在だ。

採用サイトをはじめ、うちのホームページではだいぶKを推していて、彼女の社員インタビューなども載せているんだけど、時々実家に帰ると、それらが話題になるらしい。彼女のお母さんがうちのホームページを熟読してくださっていたそうで、「あんた、ちゃんと会社の役に立ててるのね」って、褒めてくれたってうれしそうに言ってたよ。正直、フリーターだった頃はお母さんとの折り合いがあまりよくなかったらしいけど、うちに入社したことでよく話すようになり、関係が良くなったみたいだ。うちの会社での仕事ぶりを通じて家族とコミュニケーションが増えたって聞くと、社長としてはやっぱりうれしくなる。

Ｋ自身も、みんなの憧れの存在になり、仕事ぶりが評価されるようになって、以前よりかなり自信がついたと思う。あとこないだ、「本当に感謝しています」って本人に言われたよ。というのも、僕の会社は転勤するとなると、引っ越し代から月々の家賃まで、費用はすべて会社が負担するから、お金はかからないし、仕事では評価してもらえるしで、彼女からしたらイイことづくしだよね。

これまでの人生とはまったく状況が変わっただろうから、Ｋにはうれしい戸惑いみたいな気持ちがある。

「なんにもなかった私でも正社員になって仕事をして、みんなのお手本みたいな存在になれるなんて……。そんなことあるんだ？」

と。ほんとに、ある意味劇的な変貌だよね。こんなことといっては失礼かもしれないけど、正直、飲食店でのホールのアルバイトなんて誰でもできるし、いくらでも代わりの利く仕事。だけど今は「Ｋさんみたいになりたい！」「Ｋさんでないとダメだね」

みたいな、ワンアンドオンリーの存在になってる。これってすごいことだと思う。

「結婚」を機に脱・中二病！――遅咲きのヒットマン

〈プロフィール〉
Oさん（30歳）　入社5年目　現役職：スーパーバイザー　現在の年収：550万円

Oはなんというか、いわゆる、めっちゃ「三流」な奴だった。とにかく上司である店長に反抗的でさ。彼の頭のなかでいろいろな固定観念が凝り固まっていて、それから外れたことはしたくない！　みたいな感じの奴だった。経験もスキルもないくせに、若気の至りなのか、やたらと強気でね。入ってきたときは26歳ぐらいだったと思うけど、〝こいつ、25過ぎてまだ中二病ひきずってんの!?〟って思ったよ。会社立ち上げ当初からいる奴だけど、そうそうに辞めていくかなって思ってた。というのも、今のうちのやり方が定着するまではけっこう社員からの反発が強くて、方針に合わない人はみんな辞めていったから。Ｏも反発してる側の社員だったけど、こいつはずっと残り続けていたんだよね。なんでかっていうと、子どもを授かって結婚することになったから。結果的に、結婚と子宝に恵まれたことで、Ｏは歯を食いしばってとどまることができたんだと思う。今じゃ、「あのとき、辞めなくて本当によかったです」ってよく言ってるよ。

まずＯの経歴から説明していくと、高卒で、うちに入る前はホテルでフロントマンをしたり、マッサージチェーン店で働いていたりしてたみたい。これは地方あるあるなんだけど、高卒でホテルのフロントマンってなると、手取りで月15万円もいかないぐらいの薄給なのよ。正社員だったとしても、とにかくとんでもなく給料が安い！Ｏの場合も、月13万円ぐらいしかもらえていなかったって。

Ｏは「三流」気質が長くてこじらせていたから、うちの会社ではだいぶ遅咲きなほうなんだけど、それでも今は管理職になって、年収５５０万はもらってる。彼の場合は店長になるまでに4～5年かかってるけど、通常はだいたい2年で店長に昇格する。入社２年目で年収４５０万だったら、地方ならぜんぜんもらってるほうだと思うよ。

ここまででもうすでに、Ｏのダメな奴っぷりは伝わってると思うけど、入社当時はどんな奴だったかというと、マジで「三流」の典型って感じだった。とりあえず口癖が、「いや、違いますよ」とか、「そんなことしても意味ないっすよ」。人の意見やアドバイスはいっさい聞こうとせず、自分の固定観念と考えを最後まで押し通そうとする。おまけに偏屈で言い訳がましくさ、ずっと「この会社はオレには合わない」って思ってたらしい。でも、子どもができて結婚することになったから、金銭的にも簡単には辞められない状況だったみたい。当時、転職は考えていたけど、経済的なことを考えて嫌々仕事を続けてたって、本人が言ってたよ。

　会社のやり方自体も気に入らなかったみたいだけど、直属の上司である店長とのソリが合わなかったのが、反抗的になってたいちばんの理由っぽい。だから店長が変わった途端、Ｏに急激な変化が表れるんだ。新しい店長の言動がすんなりと心に響いてきたみたいなんだよね。今までの店長には何を言われても、「いや、そんなわけないじゃないすか！」と反抗的な態度を取って言うとおりにしなかったのに、新しい店長に対しては、「一度、店長の言うとおりにやってみようかな……」って、素直に思えたっていうんだよ。

今思うと、人間だから相性の良し悪しもあったんだろうなぁ。前の店長はけっこう口で言うというか、「とりあえずやれよ。言うとおりにやってみろよ！」みたいな、上から押し付けて言うことを聞かせようとするタイプだった。対して新しい店長は、あまり口では言わず、自らの行動で示すタイプ。後者での指導のほうが、Ｏには合っていたみたいで、飛躍的に業績が上がった。うちはお客さんからモノを買い取るときの価格がけっこう業績を上げるポイントになる。単純に、高い値段を提示すればお客さんが売ってくれるわけじゃないんだよね。営業職と同じで、買い取りに至るまでのお客さんとのコミュニケーションがとても大事なんだ。つまり、お客さんの話を真摯に聞いて信頼関係を築いたうえで、買い取り額を提示することが大切なの。ところがＯは、身勝手な固定観念で「いや、高い買い取り価格を提示しないと、お客さんは売ってくれないでしょ？」ってずっと決めつけていた。前の店長が何度「そうじゃないんだよ」と言っても聞き入れなかった。だからＯの買い取り価格はいつも相場より高くて、業績が上がらなかったんだよね。

　でも、新しい店長が、これまでＯが担当していたお客さんと仲良くなって、あっさり相場の金額で買い取りをしてしまったんだ。それを見てＯは、

「あ、今まで言われていたことが合ってたんだ。自分の固定観念は間違っていたんだ」ということにやっと気がついた。「高い値を提示しないとお客さんは買ってくれない」という自分の考えが間違っていたんだって。それなら自分も、店長みたいにやってみようかなと、素直に考えを改めることができたんだと思うよ。

その後Ｏは、急激に業績を上げていったんだけど、一度、「おまえ、なんでそんなに変わったの？」って聞いてみたことがある。そしたら、

「ただ店長に言われたことを、素直にやっただけなんです」

と、照れくさそうに言ってたわ。今はふたりめの子どもができて、なんと、Ｏは家まで購入したらしい。この間久しぶりに話したら、「もう辞められないっすね」ってさ（笑）。

Ｏみたいに、イマイチ変わりきれない社員や、業績が思うように伸びない社員に対しては、上司を変えたり、その社員自身の環境を少し変えさせたりすることが多い。

そう簡単に見捨てはしないから、伸びるチャンスはもしかしたらほかの会社よりは多いんじゃないかな。結局店舗運営って2～3人でやっていくのが主で、多くても4～5人。だからどうしても馬が合わないみたいなことが起きてくる。そういった人間関係の問題に対しては、会社としてなるべく柔軟に対応できるように風通しを良くしているつもりだよ。

人生、まだぜんぜん詰んでませんでした！
――バツイチ・子持ちの地方住みが大豪邸を建てるまで

〈プロフィール〉
Yさん（32歳）　入社4年目　現役職：エリアマネージャー　現在の年収：600万円

実は、Oの「三流」マインドを改心させた、〝新しい店長〟っていうのが、Yなんだ。
彼は、年齢はOのひとつ上なんだけど在籍年数は浅く、Oの後輩に当たる存在。Oからしてみたら、〝後輩なのに上司〟っていう、なんとも複雑な気持ちにさせられる人間だ。ふたりはすごく仲がいいけど、そういう関係性だったからＯが成長できた、という部分もあるかもしれない。

Ｙの前職は出張買い取り業。資材はうちとは違ったみたいだけど、出張買い取りでインセンティブをもらって稼ぐ、みたいな会社を転々としていたそうだ。奥さんと子どもがいたけど離婚して、養育費を払いながら生活していたらしい。そんななか、勤めていた出張買い取りの会社が潰れてしまって、路頭に迷うことに。〝オレの人生、完全に詰んだわ……〟と凹みながらも、とりあえずはお金は稼がないといけないから、手っ取り早く夜の商売に手を出すことも考えたみたい。でもきっと長続きしないだろうなぁ……と考えていた矢先に、たまたまうちの求人を見かけて入社してきた。彼は今店長から、北海道を統括するエリアのマネージャーという役職に昇格して、３年目にして年収５００万円だ。現在は再婚して、豪邸を建てたってウワサ。先日久しぶりに話したら、「週末は家の庭でバーベキューをしました」って言ってたなぁ（笑）。再婚した女性との間にも子どもが生まれたそうで、幸せまっさかり！　って感じだ。

「僕みたいななんの取り柄もなくて、バツイチ子持ちの男が、こんなに普通の幸せを手に入れることができるとは思っていませんでした」

って、えらく感慨深そうに言ってたよ。Ｙの仕事っぷりは、Ｏのくだりを読んでもらうと分かると思うけど、管理職としては「行動で示す」派。入社当初から彼を見ていて思うのは、本当に最初から謙虚で、勉強熱心だなってことかな。本人がいうように、何か秀でた能力があるわけじゃないんだけど、人の意見を素直に聞き入れてそれを実践。自分なりに消化して、なんでもそつなくこなせる感じ。まさに「リッチな二流」道をひた走るタイプだから、そりゃ昇格も早い。

Ｙは、スマホの待受画面を地元のサッカーチームの写真にしているほどのサッカーファンなんだけど、うちの会社が今、そのチームのパートナーサポーターをやってるんだ。Ｙがファンだって知ってたから、サポーター事業をするにあたって彼を窓口にしたんだよね。チームの担当者とのやり取りはすべてＹに任せてる。これって、めちゃくちゃラッキーじゃない？　選手に弊社の看板を持ってもらって写真を撮影するときも、Ｙに好きな選手を指名してもらってる。めっちゃ役得でしょ!?　趣味で好きなものなどをアピールしていると、こういったラッキーオプションが発生することもある。

スポンサードの話でいうと、うちは全国区で有名な番組のＣＭスポンサーもやってる。

有名番組の放送の合間に自分の会社のＣＭが流れてくると、やっぱり社員はテンション上がるみたいね。「自分たちはこんなところでＣＭを流せる会社で働いてるんだなぁ」って、誇りに思えるらしい。家族にも自慢できるようなステータスになるって言ってたよ。「オレはちゃんとした会社で、まともに働いてるんだぞ！」って、親にも胸を張って言えるって（笑）。

かっこいいシングルマザーになりたい！
——22歳のママ　奮闘記

〈プロフィール〉

Mさん（22歳）　入社2年目　現役職：店長代理　現在の年収：400万円

Mは、弊社期待のホープの一人でもある女性社員だ。最初はアルバイトで入社して、2年目から正社員として働いてくれてる。3歳のお子さんを育てながら働いている、非常にパワフルなシングルマザーだ！

以前は居酒屋やスーパー、アパレルショップなどでアルバイトをしながら生計を立てていたという。多いときは月に10〜15万円程度は稼げていたらしいけど、うちに入社する直前に勤めていたアパレルショップでは子どもがいることもあって、あまりシフトを入れてもらえず、月に3万円程度しかもらえていなかったんだって。ひどい話だよ。地方のなかでもMはかなり田舎で暮らしているんだけど、そういうところで女性がひとりで、子どもを育てながら暮らしていけるだけの額を稼ぐのって、やっぱり大変なんだよね。それにMは、子持ちであることが働くうえでけっこうネックになっていたらしい。うちの採用試験を受けたときも、同時にほかに2社面接を受けていたけど、両社とも子どもがいることを理由に落とされたって聞いた。子どもがいない人のほうがたくさん働いてくれるから、という理由で弾かれたと彼女はあっけらかんと言ってたな。土日は働けなくて、平日も保育園のお迎えの時間までしか働けないと言うと、嫌がる会社が多いみたい。うちの会社の場合は人柄で採用するかしないかを判断するから、子どもがいても別に関係ない。彼女が今在籍している店舗の店長も、「子どもがいても気にしないよ〜。来ればぁ？」みたいな感じだったって。

　入社当初は週2〜3回、彼女の希望どおり、平日の朝〜お昼ぐらいまでの時間だけ働いていたらしい。だけど、Mの希望で、だんだんとシフトが増えていった。彼女はとても労働意欲があって、仕事を覚えれば覚えるほど欲が出てきたっていうんだ。最初はバックヤードの仕事だけを任されていたんだが、買取業務の手順を覚えて、実際にお客さんから買い取りができるようになると、〝もっとちゃんと仕事をしたい！〟っていう気持ちが芽生えてきたらしい。週2〜3日だけ顔を出しているよりも、フルで働いていたほうがもっと早く仕事を覚えられるし、お客さんの顔も覚えやすくなるから、ナチュラルに働く日数を増やしたって言ってた。買い取りができるようになるとやりがいを感じるようになって、なによりも仕事をするのが楽しくなったって。店長をはじめ、まわりのスタッフはみんな、Ｍに小さなお子さんがいるのを知っているから、いろいろと協力もしてくれて、居心地もすごくよかったみたい。友達が一緒に働いているっていうのも、イイみたい。しかもその友達は、Ｍの勧めで社員として入社した子なんだよね。

入ってみたら時間の融通がきいて働きやすいし、仕事にやりがいも感じて楽しい。そうなると当然、〝バイトじゃなくて、社員になったほうが稼げるんじゃないか？〟と思うよね？　そう思ったら、すぐに正社員になれちゃうのがうちの会社です（笑）。とにかく門は広いからね、うちは。Ｍは、ほかの店舗からやってきた社員を見て、ある日こう思ったんだって。

「自分だったら、もっと仕事ができるはず。同じ業務をするのであればアルバイトとしてではなくて、社員になってもっといいお給料がもらえるかたちで働きたい」

「アルバイトだと、どんなに頑張ってももらえる給与や評価に上限がある。でも社員になれば、頑張れば頑張った分だけ評価してもらえるし、給料額にも反映されるはず」

って。はい、そのとおりです！（笑）。しかもうちは、地方でも基本給がかなり高いほう。東京で働く場合と大差ない額はあげてる。彼女は今、「店長代理」という店長の下の位に昇格しているから、年収でいうと４００万円ぐらい。月に３万円しか稼げない……と絶望していたシングルマザーが、社員になって半年で年収４００万円になるんだから、生活もけっこう変わったって言ってたよ。ちなみに北海道Ｋ市の平均年収は３０６万円、さらに20代女性となるともっと低くなってしまうという実態がある。それが今や、頑張り次第ではもっともっと稼げるわけだから、夢は膨らむよね。子育てのほうも順調みたい。休憩時間に保育園のお迎えに行き子どもを一旦実家に預けて、またお店に戻ってくる、という働き方をしているって聞いた。「この働き方はすごく今の私に合っていて、すごく助かっています！」って、この間電話で話したときにうれしそうに言ってたよ。

そんなMは、「できる限り上の役職を目指したい！」っていう、アグレッシブさをもっている。〝ママは強し！〟ではないけど、すごくエネルギッシュなんだよね。こんなふうに言ってたよ。

「子どものために、もっとお金を稼ぎたいという思いがあるのはもちろんなんですけど、少なくとも同じ役職にいる人には負けたくない。同じランク付けをされているなら、そのなかでは絶対一番になりたいんです！　若い女子のシングルマザーで、バリバリ仕事して稼いでるって、すごくかっこよくないですか？　私はそんなかっこいいママになりたいんです‼」

って。ほんと、メチャクチャかっこいいよね。Mはまだ若いのに考えがしっかりしてるし、素直に物事を吸収するから覚えも早い。そんなわけで彼女には、すごく期待してるんだ。僕も応援してる！

夜の仕事に手を染めたちゃらんぽらんが年収700万円突破！
——一念発起のサクセスストーリー

〈プロフィール〉
Dさん（31歳）　入社4年目　現役職：マネージャー　現在の年収：700万円

最後に紹介するDは、うちのなかではメチャクチャ優秀なほう。だいたい早い奴でも店長になるのに1年はかかるのがフツーなんだけど、Dはなんと、入社半年で店長になった。2年目からは2店舗を任されるスーパーバイザーになって、3年めでエリアマネージャーに。そして4年めでその上のマネージャーに昇格して、今は3エリアを統括してる。毎年上の位に昇格していってて、ものすごいスピード出世だよ。そんな感じで仕事は順風満帆。去年はついに結婚もした。マネージャーに昇格したときは、奥さんが泣いて喜んでくれたらしい。「あんたみたいなクズがちゃんとした企業で働いて、人を従えてマネージャー職に就けるなんて……」って（笑）。

Ｄは大学時代からずっと遊び呆けていて、勉強なんてほとんどしてこなくて、挙げ句の果てに中退したんだよね。そのあともずっとフラフラとその日暮らしのような生活をしてたんだってさ。〝とりあえず、手っ取り早く稼いで、今が楽しければそれでいいや！〟みたいな感じで、キャバクラのボーイなど、主に夜の仕事をやってたって、採用面接のときに言ってたよ。

　そんなちゃらんぽらんな奴がなぜ、フツーのサラリーマンになろうと思ったのか。Ｄには双子のお兄さんがいるんだけど、彼の結婚が大きかったらしい。三十路目前にして兄弟の結婚の知らせを聞いて、〝ちょっとこのままじゃヤバいな……。真っ当に働こう〟と思ったみたい。それで、地元に戻って心機一転。ちゃんとした職を探すためにハローワークへ。最初はプライドが高くて、〝ハローワークに通ってる自分〟も許せなかったって言ってた。まあでも自業自得というか、それが現実なんだから仕方ないよね。受け入れなきゃっていうかそんな、嫌々通ってたハローワークの求人でうちの会社を見つけて、今じゃ年収７００万円稼いでるんだから、あいつはラッキーだよ。ヤバくない⁉　勤めて３年で年収７００万って！（笑）　一緒に飲みに行ったときとかにＤがよく言うんだけど、採用面接には捨て身の覚悟で挑んでたらしい。今まで相当グレーゾーンな道を走ってきたけど、自分がこれまでどんなふうに生きてきたかを全部さらけ出して、〝正直に全部話して、ダメならもうしゃーない！〟みたいな感じだったって。僕が直接面接をしたんだけど、〝一念発起して頑張りたい〟っていうDの熱意を感じたし、何よりも潔い人柄に期待して採用したんだ。経歴どうこうよりも、実際に話してみて分かる人柄や人格で判断して採用するっていう僕のマインドは、今自分が採用する立場にあるDにも受け継がれている。

けどね、初めて僕の姿を見たとき、Dはこう思ったんだって。「ああ……やっぱりオレは夜の仕事っぽい雰囲気の場所から逃げられないんだなぁ……」って。僕がとても堅気の商売をしている会社の社長には見えなかったから。なんでだろう？ 僕は夜の仕事やアヤしい商売は一度もしたことがないのに。ヒゲを生やしているせいで胡散くさく見えるのかな？（笑） まあ、そんな僕に対する第一印象はおいといて、僕の物言いや態度を見て、すぐに「あ、この社長は、今まで会ってきた社長とはちょっと違うかも」と、〝社長〟ってものの概念がガラッと変わったって。それがある意味、今も頑張れてる理由の一つらしい。

テキトーに夜の仕事をしながら遊んで暮らしてた頃は、いわゆるバブルの時代によくいたようなガハハ系の社長をたくさん見てきたんだって。要は、メチャクチャ偉そうで横柄な態度の社長ってことね。そういう奴らの嫌な遊び方や金遣いの汚さを、Dは嫌ってほど見てきたみたいなんだ。だから、「社長＝常に偉そうに振る舞うもの」みたいなイメージがかなり強かったみたいで、僕のことも似たような感じだろうなと思ったんだって。ところが、実際に話してみるとフランクだし、入社初日に飲みにも誘ってくるしで、〝おや……？〟と。

僕って見た目はガハハ社長っぽいみたいなんだけど、飲食店や飲み屋に行くとかなり腰が低いのよ。自分でいうのもアレなんだけど、どんな店に行っても店員さんに好印象だし、いろいろよくしてもらえるタイプなの、こう見えて（笑）。社長だろうとなんだろうと、いいおもてなしを受けたらそれに感謝をしてお礼を言うのは当たり前だと僕は思ってるんだけど、そういうのを目の当たりにしたDは、かなりカルチャーショックを受けたらしい。〝こんなに腰が低くて、謙虚な態度を取る社長も世の中にいるのか！〟って。そこから、〝あ、この社長についていけばオレは真っ当に生きていけるかもしれない〟って、思えたんだって。よく酒の席でDが言ってるよ。

なんかちょっと照れくさいけど謙虚であること、素直であることがいかに人として大切かってのを、Dは僕の背中を見て学んだらしい。あと、〝自分が今まで常識だと思っていたことがすべてじゃないんだ〟と、思い知ったって言ってた。

Dは正直な奴で、初めて一緒に飲んだときにこんなことも言ってた。

「『世のため人のため、会社のために働け』みたいなことをほざいてくる社長連中が多くて、今までムカついてたんですけど、佐藤社長は違いますよね。だから信用してついていきたいなって思えました」

って。僕、そういうキレイごと言うのほんと嫌いなんだよ。自分がサラリーマン時代に上司に言われて反吐《へど》が出たから。いやいや、働くのは自分のためでしょー。Dにも最初、そう話したのを覚えてる。まあ、会社の規模も当時は今の半分以下だったから、

「世のため人のためとかじゃなくて、とにかく自分の幸せのために頑張ればいいじゃん。社員の頑張りが結果的に会社にもプラスになるんだからさ」

みたいなことを言った。それを聞いて、Dは気持ちがすごくラクになったみたい。それで入社4年目にして上から3番めの地位のマネージャーまでいっちゃってるんだから、本当にアッパレだよ。

Dはもともと要領がいいからスピード出世できたって部分もあるんだが、いかんせん頭は良くない。地頭は悪くないんだろうけど、これまでまともに勉強してきていないってのがあって、ビジネスマンとしての知識や語彙力が不足している部分があるんだよね。だから今、彼はものすごく熱心に勉強していて、管理職の研修やセミナーに積極的に参加したり、ビジネス書をたくさん読んだりしているよ。

もちろん費用は会社持ち。Dはさらに上を目指していて、ゆくゆくは執行役員や取締役にまで登りつめたいみたい。そのためにはそれなりのビジネス知識だけでなく、業界のこと、世の中全体のことを知っておく必要があるよって話をしたの。変な話、社内で、雑魚にだけ教えているなら今のままでも構わないけど、もっと昇格して対外的にも仕事をしていくなら、今の知識や語彙力、スキルじゃ厳しいぞと。BtoBの業者との付き合いをしていくなかでも、ある程度の知識や言葉を知らないと下に見られてしまったり、関係を切られてしまったりしかねないしね。

そんなわけでDは今、猛烈に勉強してる。かなり努力家なんだよね。早くランクアップしたくて、自ら休みを返上して働いたり、勉強したりしていた時期もあったほど。その頑張りはちゃんと役職や収入に反映されてる。この間も、車をベンツに買い替えたって言ってたよ（笑）。うちでの仕事を通して人として成長している姿を目の当たりにして、そういうのってすごくいいなぁって感じた。Dの成長は、僕もうれしい。

おわりに

突然だけど、僕は昔から身長が低かった。

整列するときはだいたいいつも先頭で、〝前へ倣え〟をするときは、両手は腰に（笑）。今も167センチぐらいしかないから、相変わらず背が低いけど、もはやほとんどコンプレックスはもっていない。

だけど、子どもの頃って、背が小さいと男は気にするんだよね。特に僕は、女の子よりも小さかったから、かなりコンプレックスをもってた。というか、コンプレックスのかたまりだった（笑）。背が高くてカッコいい奴、頭がいい奴、スポーツができる奴、まわりは僕よりも秀でた奴ばかりで、〝なんで僕だけ何ももってないんだ……不公平じゃないか？〟って、ウジウジ考えることも多かったよ。

なんとか、デキる部類の奴らに追いつきたいと思っていろいろ頑張ってみたけど、いつも〝中〟止まりでさ。よくて、〝中の上〟。〝上〟クラスには決して到達できなかった。んで、途中で気づいたんだ。僕はビジュアルや頭の良さ、運動神経の良さで一番になろうと勝負したところで、絶対にまわりの奴に勝てないって。それでも、何かひとつでもいいから人に勝てるようなことがないかなぁ〜……と、悩んだ。だけど、ひとつのことを極めるほどの根気や根性がないし、そもそも飽きっぽいから何かを始めても長続きしないし、なるべくムダなことはしないでラクしたいし。どうしたもんかなぁと（笑）。そんなこんなで行き着いた考えがコレだったんだ。

〝中の上〟で、別にいいじゃん

中の上でも悪くない。自分がどんな環境にいても、いつも〝中の上〟クラスをキープできてれば、それでいいんじゃね？　って。〝中の上〟でいれば人にバカにされることもないし、いつも上位に入っていないといけない「一流」の人たちのように、まわりから過度な期待をかけられることもない。もちろん、〝常に1位をとらなきゃ……！〟みたいな、プレッシャーもない。よ〜く考えてみたら、〝いちばんいいポジションじゃないか?〟と、気づいちゃったんだよね。もちろん、一流を目指して努力してる人を馬鹿にしてるわけじゃない。一流の人は本当にすごいと思ってる。僕では決してできないことだし、アスリートや夢に向かってる人も応援してる。なにより尊敬してるんだ。でも、これまでの僕の人生を振り返ってみると、僕のなかにあった劣等感というか、デッカいコンプレックスが〝中の上〟、すなわち「リッチな二流」を極めていくきっかけだったってわけ。

秀でた才能や外見はもっていないけど、自分自身を客観的に見る力だけは、もっていて本当によかったと思う。もし自分を客観視できていなかったら、今頃、人生おかしなことになってたわ。バッカみたいに、「一流」の奴らと張り合おうとしてもがいてさ。〝なんで僕は、こんなに無能なんだろう……〟、〝まわりのみんなはメチャクチャ稼いでイイ車にも乗ってるのに、休みナシで働いている僕はなんでアイツらより給料が安いんだ……〟とか、「一流」と自分を比べて、鬱になって人生リタイアしてたかもしれない。

この本の中でも何っ回も言ってきたけど、「一流」と張り合おうとするから、苦しくなるんだ。自分の身の丈に合ったクラスのなかで、上位にいればいいの。そうすれば、心に余裕が生まれてくる。〝中の上〟っていうと、〝たいしたことないね〟って思われるかもしれないけど、いいじゃん別に。たいしたことなくてけっこうだよ。だって、本当にたいしたことないんだもん（笑）。だけど、中クラスの中では1位なんだからさ。1位気分を味わうって、大事なのよ？　なんつーか、〝次は、こんなことも頑張ってみようかな？〟みたいな、ものすごくモチベーションが上がる。ものすごくいい方向に調子に乗れちゃうというか。幸福度はかなり高いぞ。上の中の〝補欠〟みたいな奴よりも、よっぽどハッピーに生きていけると思うよ。

この本を手に取ってくれた人たちのなかにも、上クラス、「一流」のなかで勝負しようとしてもがいているせいで、人生くすぶっている人が少なくないだろう。もうほんっと、それは苦しいだけだから、今すぐ止めて！　と言いたい。最初はなかなかしんどいかもしれないけど、ありのままの、特別な才能や能力のない自分を受け入れよう。その勇気があれば、君は絶対に「二流」のなかの勝ち組、すなわち「リッチな二流」になれるから。

僕には「一流」になれる才能はなかったけど、２つほど、もっていてよかったなと思える有り難い才能がある。

ひとつは、特にこれだ。これはなぜか、子どもの頃からもってた（笑）。自分を過大評価せずに、もっている実力や限界を適切に判断できたからこそ、無駄な期待を抱かずに身の丈に合ったクラスを早めに見定めることができたんだと思う。一般的に男ってプライドが高い生きものでしょう？　でも僕の場合、己を陥れるような、おかしな方向に尖ったプライドがいっさいない。一番尖りがちな、10代、20代の頃から、そういうプライドはもってなかったなぁ。それも、客観視できる力が長けてたおかげだと思う。

もうひとつの才能は、１００回リピートすることを苦と思わない、しつこさ（？）だ。これって、なんの才能っていえばいいんだろうね？　忍耐強く物事に取り組める才能？　地道な作業を苦と思わない才能??（笑）

でも実はこれ、つい最近まで才能とは思ってなかったんだ。何かをマスターしたり、目的を達成したりするために、50回、１００回と、同じことを何度も繰り返すのはフツーのこと、当たり前のことじゃねーかと、ずっと思って生きてきたから。会社の奴らと飲んでいるときに、「何回も反復すれば絶対にマスターできる、達成できるって分かってるのに、やらない奴の気が知れないわー。ってかなんでおまえ、ちゃんとやんないの？」みたいなことを話していたら、「それって一種の才能だと思いますよ。１００回繰り返せば１００％できるようになるって分かってたとしても、なかなかできないのがフツーですから」って言われてさ。〝そうか、もしかしたらこれって才能と呼べるのかも？〟って、初めて気づいたんだよね。

本だからさ、なんか、くどくど長く書いちゃったけど、

自分を客観視する力
目的達成まで何度も繰り返せる力

ぶっちゃけ、このふたつの力があれば、人生〝そこそこ〟充実するよ。だって、僕

がそうだから（笑）。

〝才能〟なんて偉そうにいったけど、このふたつは心掛け次第でもてるようになる力だ。そう、これが「リッチな二流」マインドの基本中の基本ってやつ。

優れた才能や特別なスキル、学歴がなくても関係ない。どんな辺境の地に住んでたって、歳を食ってたって、心掛け次第で、「リッチな二流」マインドに切り替え可能なんだ。

〝しくじり〟人生だって関係ない。「リッチな二流」マインドをしっかりもっていれば、もう道を間違えることはない。

過去、あまり人にいえないような職業に就いていたり、大失敗をしてクビになったりしても、生きてればそりゃ、いろんなことがあるって。過去を振り返ってばかりいても意味がない。大事なのは、未来だ。今まではバカばっかりやってたけど、これからは頑張りたい、ちゃんとしたい。そのために、自分はこれからどうしていくべきなのか、そこまで考えられる奴は、必ず変われる。だから僕は、そういう奴の心意気を積極的に買いたいと思ってる。

もし、路頭に迷いそうになったら、うちの会社の門を叩いてよ。そして是非一度、君のこれからの覚悟を僕に聞かせてくれ。〝お、コイツとならいい仲間になれそうだ！〟と思えたら、君が「リッチな二流」になる手助けをするよ。

本書についての
ご意見・ご感想はコチラ

年収600万を突破せよ！
田舎の三流人生大逆転術

2021年12月24日　第1刷発行

著　者　　佐藤貴夫
発行人　　久保田貴幸

発行元　　株式会社 幻冬舎メディアコンサルティング
〒151-0051　東京都渋谷区千駄ヶ谷4-9-7
電話　03-5411-6440（編集）

発売元　　株式会社 幻冬舎
〒151-0051　東京都渋谷区千駄ヶ谷4-9-7
電話　03-5411-6222（営業）

印刷・製本　中央精版印刷株式会社
装　丁　　弓田和則

検印廃止

ISBN 978-4-344-93697-3　C0095
幻冬舎メディアコンサルティングＨＰ
http://www.gentosha-mc.com/

【プロフィール】
佐藤貴夫（さとう・たかお）

株式会社さすがや代表取締役
1980年10月28日、埼玉県鳩ヶ谷市出身。
偏差値50の県立高校から明海大学卒業後、営業マンとして一般企業に就職。転職する際どこの会社にも魅力を感じず、起業を決意。東京と地方の格差に興味をもち、都会で得た情報を地方在住の人に発信していきたいと考える。特に深刻な所得の格差に目を向け、低所得者を対象に採用を行い、いちから教育をすることで収入を向上、仕事自体にもやりがいを持たせ充実した人生を提供している。